U0115952

芄野東南民族叢書

青藏高原東部的喪葬制度研究

上冊

何國強　主編·葉遠飄　著

目次

總序

黃淑娉

　　青藏高原古稱「芊野」[1]，「喜馬拉雅」與「橫斷」兩條山脈在東南交匯，形成北半球地表褶皺最明顯而緊密的區域──縱橫千里，層巒疊嶂，忽而峽谷幽深、激流洶湧，忽而懸崖突兀、雪峰傲立。雄奇的景觀掩飾著嚴酷的自然。適宜耕種的土地集中在河谷，陡峭的高坡土層稀疏、岩石裸露、雜草叢生，經常發生泥石流。山川、植被、動物、村莊依季節交替呈現出各種姿態：旱季，塵土飛揚、風霜嚴寒、萬物蕭條；雨季，四野青翠、鳥語花香、人畜徜徉於雲端。

　　芊野東南素有「民族搖籃」之稱。在北緯 25°38'、東經 90°104' 的廣袤區域，由東至西，有金沙江、瀾滄江、怒江、獨龍江和雅魯藏布江，史前時代的漢羌之爭，造成部分羌人融為漢族，部分羌人西遷。[2]西遷的羌人一部分沿著江河古道北上甘青，另一部分南下川

1　《詩經‧小雅‧小明》曰：「明明上天，照臨下土。我征徂西，至於芊野。二月初吉，載離寒暑。心之憂矣，其毒大苦！……」大意為周天子令諸侯征伐氏羌係部落，西行到青藏高原，將士思鄉，無心戀戰，企圖班師回朝的情景。《說文解字》解「芊」，一為「遠荒」；一為草本植物，如「秦芊」──蘭花形，生長於黃土高原與青藏高原接壤地帶、海拔3,000米的荒野，愈往西愈密。故「芊野」指今青藏高原東部，即今川、青、滇、藏四個省（自治區）相交界的區域。

2　如〔南北朝〕范曄《後漢書‧卷八十七‧西羌傳第七十七》（景印文淵閣四庫全書本第252253冊）有「秦獻公初立，欲復穆公之跡，兵臨渭首，滅狄䝠戎。忍季父卬畏秦之威，將其種人附落而南，出賜支河曲西數千里，與眾羌絕遠，不復交通」的記載，說戰國初期（公元前475年）以「卬」為首的一支羌人迫於族群競爭的壓力，由今甘陝地區向西南徙遷至玉樹地區。

滇，到達今川、滇、藏交界區，更有一些部落進入了東南亞。他們南北行走的整套路線分佈的區域到公元前 4 世紀業已形成民族走廊。《史記》記載了張騫出使大夏（今阿富汗）見到四川特產的見聞漢朝的四川特產遠播大夏絕不可能走西域絲綢之路，那樣將徒增路程，最有可能的是走西南絲綢之路，起點為成都，終點為印度甚至波斯（今伊朗），中間點為夜郎（今貴州）、滇（今昆明）、南詔（今大理）、緬甸。這說明中西交通很早就貫通了。，那是公元前 2 世紀發生的事情。又過了兩個世紀，最後一批遷徙者沿著民族走廊進入東南亞。東晉、十六國時期（317-420 年），鮮卑族從大興安嶺西遷，抵達青海湖與當地羌人雜處，出現西羌、吐谷渾、白蘭、黨項、附國、吐蕃、姜人等古代部族，也有南遷的情況出現。各氏族部落在南遷路中定居、聯姻、繁衍，發生貿易、戰爭和宗教行為，經過千百年的基因採借與文化交匯，演變出藏族、門巴族、珞巴族、納西族、傈僳族、怒族、獨龍族、景頗（克欽）族、克倫族、驃族、緬族、撣族等境內外民族。[3]元明以降，封建國家的勢力先後侵及這片土地。目前，一塊歸中國，一塊歸印度，一塊歸緬甸。《芄野東南的民族叢書》就揭示了中國西南川、滇、藏和川、青、藏接壤地帶極具內涵的民族文化。這些民族是藏族、納西族、怒族、獨龍族和傈僳族。這些民族人們的體質特徵與三支種群有關：①蒙古北亞人，特徵是高身材、中頭型、高鼻型、前額平坦、黑眼珠，男人高大英俊，女人身材頎長；②蒙古南亞人，特徵是身材略矮、低頭型、前額微窄、褐色眼珠、低鼻型；③「藏彝走廊」型，介於前兩者之間，又自成一類，其特徵是中身材、中頭

3　參見〔五代〕劉昫《舊唐書》卷197列傳第147（景印文淵閣四庫全書本第268-271冊，臺灣商務印書館，1983年）和（宋）歐陽修《新唐書》卷222上列傳第147上下（景印文淵閣四庫全書本第272-276冊，臺灣商務印書館，1983年）關於南蠻、西南蠻和驃國的描述。

型、中鼻型，孩子的眼珠較黑，成人的眼珠泛褐。具體來說，怒族和獨龍族人帶有蒙古南亞人的體質特徵，藏族、納西族和傈僳族人帶有「藏彝走廊」型的體質特徵。由於藏族人的來源複雜，內部族群眾多，有的體質特徵偏向蒙古北亞人。例如，三岩藏族人的體質特徵與塔吉克族、維吾爾族、錫伯族、哈薩克族、蒙古族等北方民族關係密切些，跟藏彝類型的藏族關係疏遠些。[4]無論體質特徵如何，這5個民族的人民都有率真淳厚、健談好客、謙讓剛毅、吃苦耐勞的一面。人們因地制宜謀取生活資料，建造房屋，修建梯田，引水渡槽，高山放牧；人們也抽煙喝酒、唱歌跳舞，知足常樂。

新中國成立後，黨和政府組織集中進行民族識別（1953-1956年）和少數民族語言與社會歷史調查（1956-1958年）。根據20世紀80年代出版的《民族問題五種叢書》的描述，當時藏族、納西族、怒族、獨龍族和傈僳族等民族已出現社會分化：有的社會結構呈尖錐形，如藏族的農奴制、納西族的土司制；有的社會結構呈鈍錐形，如保留著原始公社殘餘的怒族和獨龍族。民族文化的保持與傳承是通過社會結構來實現的。獨龍江兩岸的村落出現了頭人、大小巫師（南木薩、龍薩）、工匠、平民、家奴。前三種人基本上是富裕的族人，他們擁有土地，蓄養奴隸，並未完全脫離勞動。奴隸來自債務和買賣，成為家庭的一員，由主人安排婚姻，給予經濟開支。奴隸在公共場合（如祭禮、公議、公斷等）與平民有身份界限。勞動過程中主僕地位不同，主人為奴隸提供生產資料（如土地、牲畜、農具、種子），並佔有全部收穫物。人們在社會結構中各居其位，各層次的差別不大，在血緣、地緣基礎上發生的共濟、共慶、換工等集體行為維持著內部平

4　參見何國強、楊曉芹、王天玉等《三岩藏族的體質特徵研究》，載《人類學學報》2009年第4期，頁408-417。

等，原始宗教和基督教起到恐嚇叛逆者、安撫民眾、制止反抗的作用。舊的社會結構被打碎以後，新的社會結構逐步建立，其所傳承的文化與過去有著質的不同。

　　17 世紀，西方人陸續進入喜馬拉雅東部山區與橫斷山脈南部的多條河谷。早期的傳教士、探險家帶著獵奇的眼光看待這裏的風土人情。19 世紀伊始，民族學家、地理學家、行政人員、橋樑工程師開始進入這片地域上無人知曉、地圖上一片空白的沃野。到 20 世紀 40 年代末的 150 年間，他們記錄了大量寶貴的材料。英國、美國、印度三國學者的成績尤為突出，如果只見他們為殖民政府服務的一面而不見其科學記述的一面是不公平的。在此，我願意借鑒沙欽・羅伊的書單[5]，肯定 J. 馬肯齊、J. 布特勒、G.W. 貝雷斯福德、A.F. 查特爾、P.C. 巴釐、B.C. 戈海爾、M.D. 普格[6]等人的工作；我還要提到 F.M. 貝利、F.K. 沃德、維雷爾・埃爾溫、P.N.S. 古塔、馬駿達、N. 羅伊、B.C. 古哈和 S. 羅伊等人的努力，特別是約瑟夫・洛克、克里斯托夫・馮・菲尤勒─海門道夫和埃得蒙・利奇的奉獻。

　　洛克於 1922 年到達中國西南邊陲，在川、青、甘、滇接壤地帶考察，為美國農業部、國家地理協會和哈佛大學收集植物和飛禽標本，在麗江度過了 27 年。隨著時間的推移，洛克的研究興趣轉移到納西族的文化上。他的《納西英語百科詞典》收入了東巴教及瀕於消亡

---

5 參見〔印〕沙欽・羅伊著，李堅尚、叢曉明譯：《珞巴族阿迪人的文化》（拉薩市：西藏人民出版社，1991年），頁297-302。

6 他們的代表作分別為《孟加拉東北極邊地區山區部落記事》（1836年）、《阿薩姆山區部落概述》（1847年倫敦版）、《阿薩姆東北邊境記》（1881年西隆版、1906年重印）、《阿波爾的弔橋》（載《皇家工程師》1912年第16卷）、《阿薩姆山區部落的頭飾》（載《皇家孟加拉亞細亞學會會刊》1929年總字第25卷）、《阿波爾人的農業組織》（載《人類學系調查報告》1954年第3卷第2冊）、《東北邊境特區的娛樂活動》（1958年）等，這裏僅僅提到很少的一部分。

的古納西語，他撰寫的《中國西南古納西王國》敘述了當時甘青交界處、滇西北、川西南和西藏納西族居住區域的地理、歷史、物產和文化。1992 年，邁克爾‧阿里斯在紐約出版了《喇嘛、土司和強盜》，以圖文並茂的形式回顧了洛克在川、滇、藏的田野研究經歷。[7]

　　第二次世界大戰期間，利奇在克欽山區打游擊。那個地區為中國的滇、藏和印度的阿薩姆邦三面環繞，有號稱「野人山」的莽莽叢林。利奇廣泛地接觸克欽人，於 1954 年出版《上緬甸諸政治體系》，提出社會轉變的動力學模型。幾乎在同一時期，克里斯托夫‧馮‧菲尤勒-海門道夫在印度調查了 10 年，期間以特派員的身份在阿薩姆地區工作兩年。他和妻子貝蒂‧勃納多在調查阿帕塔尼人[8]的間隙中，專程到麥克馬洪線以南的斯皮峽谷，那裏距離西藏的瓦弄咫尺之遙。因物資供應不足，1944 年 4 月 2 日夫婦倆開始撤退，準備翌年再進行調查，後因印度政府決定推遲這項計劃，最終未能進入西藏察隅地區。海門道夫基於田野調查的 12 本書[9]對於青藏高原的研究極具參考價值。

7　參見Michael Aris et al. Lamas, Princes, and Brigands: Joseph Rock.s Photographs of the Tibetan Borderlands of China. China House Gallery, China Institute in America, 1992.

8　中國民族學界有一種觀點，認為阿帕塔尼人與珞巴族人同源，阿帕塔尼是珞巴族的組成部分。珞巴族包含20多個部落，如尼升、巴依、瑪雅、納、崩尼等，其經濟形態與獨龍族完全相同。

9　它們是《赤裸的那加人：阿薩姆邦的獵頭部落的戰爭與和平》（1939年第1版、1968年第2版、1976年第3版）、《蘇班西尼地區的民族學注釋》（1947年）、《喜馬拉雅山區未開化的民族》（1955年）、《阿帕塔尼人和他們的鄰族：喜馬拉雅山東部的一個原始社會》（1962年，有中譯本）、《尼泊爾的夏爾巴人：信佛的高地居民》（1964年）、《尼泊爾、印度和錫蘭的社會等級制度和血緣關係：對印度教與佛教相接觸地區的人類學研究》（1966年）、《尼泊爾人類學述略》（1974年）、《喜馬拉雅山區的貿易者：尼泊爾高地的生活》（1975年，前三章半有中譯本）、《喜馬拉雅山地部落：從牲畜交換到現金交易》（1980年）、《阿魯納恰爾邦的山地人》（1982年）、《西藏文明的復興》（1990年）和《在印度部落中生活：一位人類學家的自傳》（1990年中譯本）。

　　20 世紀 50 年代以後的民族學家，無論是美國人、英國人、法國人、印度人，還是中國人，都是在利用前人收集的原始資料、繪製的地圖、提煉的概念、闡述的命題和他們的民族識別、文化分類的成果，並汲取他們務實與求真的精神力量。

　　中國學者對青藏高原東南部的民族調查可追溯到抗日戰爭時期，左仁極、羊澤、朱剛夫、李式金、李中定、陶雲逵、黃舉安（以姓氏筆劃為序）等人曾赴三江（金沙江、瀾滄江、怒江）並流地區，調查成果雖然一鱗半爪，但科學精神不可低估。李霖燦、方國瑜、楊仲鴻對納西語的研究尤其值得一提。新中國成立後的幾十年間，我的同仁，如王輔仁、王曉義、孫宏開、劉龍初、劉芳賢、宋恩常、宋兆麟、吳從眾、李堅尚、楊毓襄、張江華、姚兆麟、龔佩華、譚克讓、蔡家騏、歐陽覺亞（以姓氏筆劃為序）等，跋涉於川、青、滇、藏交界區的山水之間，也提出批判地學習和吸收西方人類學的任務。[10] 1979年，西藏社會科學院資料情報研究所在北京成立，後遷至拉薩，組織翻譯了一批文獻，吳澤霖、費孝通都身體力行地做過譯介工作。[11]由於各種原因，我們的研究起步較晚，田野研究缺乏長期性、系統性，理論方法上也有故步自封的表現，偏重於社會經濟形態的素材，而較容易忽視社會組織、風俗制度與意識形態的素材。

　　改革開放以來，國內強調「補課」，出版了不少社會文化人類學（民族學）的理論著述，這是可喜可賀的。最近十幾年，獲得高級職稱的中青年學者也越來越多。但是，不可否認，一些民族學工作者欠缺實地調查的經歷，學界對田野調查的要求放鬆，對邊陲少數民族的研究遠遠不夠，市面上田野研究的著述稀少。有人說，目前田野工作

10 參見林耀華〈序〉，見黃淑娉、龔佩華《文化人類學理論方法研究》（廣州市：廣東高等教育出版社，2004年）。
11 參見《費孝通譯文集‧前言》（上冊）（北京市：群言出版社，2002年），頁2。

的條件（如交通、通訊、住宿、飲食、醫療、安全、語言溝通、調查工具和手段等）較之 20 世紀五六十年代不知改善了多少，可如今的實地調查與書齋研究的比例較之於過去不知減少了多少。[12]本人深有同感。我雖然退休多年，但也知道一點外面的情況。現在科研的資助力度每年都在增大，下達的課題也在增多，出版界欣欣向榮，民族類的期刊、書籍相當多；但是，深入紮實的調查研究沒有跟上來。由於辛勤收集第一手資料和認真提煉、精巧構思並以樸實平正的筆調敘述的作品不太為社會所賞識和鼓勵，因此田野作品越來越少。這種情況與歷史的發展很不合拍。就青藏高原東南部而言，隨著旅遊的開發，三江並流自然景觀被列入《世界遺產名錄》，社會對非物質文化的保護意識被帶動起來了，國內外迫切需要瞭解這一區域的民族現狀，搶救、整理和保存當地的原生態文化迫在眉睫。但經常到農牧區做調查的人不多。原因何在？這恐怕與投入和產出的衡量標準有關。譬如，有些環境陌生而艱苦，原創性作品生產周期長，即使出得來，社會反應也需要一定時間，不如「跟風」成效快。「不可否認，學界急功近利的浮躁之風，評判成果室內室外一刀切的做法，都是使田野調查邊緣化的原因。」[13]我認為，端正調查之風、調整激勵機制勢在必行，否則民族學研究將難以為繼，更談不上以良好的姿態服務於社會。

西北川、青、藏交界區，以及西南邊陲川、滇、藏接壤地區，民族學資源異常豐富，吸引著以何國強教授為首的研究團隊不畏艱苦、鍥而不捨地調研。這套由 7 部專著組成的叢書即有選擇性地介紹了那裏的民族文化。分冊和作者名依次為《青藏高原的婚姻和土地：引入

---

12 參見郝時遠主編：《田野調查實錄：民族調查回憶‧前言》（北京市：社會科學文獻出版社，1999年），頁3。

13 英國皇家人類學會編訂，周雲水、許韶明、譚青松等譯：《人類學的詢問與記錄‧序言》（北京市：國際炎黃文化出版社，2009年），頁13-14。

兄弟共妻制的分析》（堅贊才旦、許韶明）、《碧羅雪山兩麓人民的生
計模式》（李何春、李亞鋒）、《整體稀缺與文化適應：三岩的帕措、
紅教和民俗》（許韶明、堅贊才旦）、《獨龍江文化史綱：俅人及其鄰
族的社會變遷研究》（張勁夫、羅波）、《青藏高原東部的喪葬制度研
究》（葉遠飄）、《婦女何在？三江並流諸峽谷區的性別政治》（王天
玉）、《滇藏瀾滄江谷地的教派衝突》（王曉、高薇茗、魏樂平）。翻開
細細品味，看得出作者們長期研究的積纍。主編何國強教授是我的學
生，也是這個研究團隊的組織者。他 17 年來堅持探索漢藏區域文化，
主張多學科相結合，調查素材、史志和理論三點互補，中外資料融會
貫通，以及漢族區域和少數民族區域的文化現象互為襯托的研究思
路。自 1996 年夏天至今，他已 11 次踏上青藏高原。擔任博士生導師
以後，他努力尋求基金會的支持[14]，推動每一屆研究生到青藏高原東
部和東南部選題作論文，秉承老一輩民族學家研究西南民族的傳統，
深入偏遠的高山峽谷。據我所知，另外 10 位中青年作者在跟隨他學習
期間，除極少數人之外，皆有 1 年左右的調查經歷，目前分別在高校
或科研部門工作。他們的成果與書齋式的研究不同，每一本書都充滿
鮮活的材料，講理論、重實際，穿插縱橫（時空）比較和跨文化研究
（類型）比較，散發著田野的芬芳。

　　調查員根據已有的知識草擬提綱，到當地觀察、詢問和感受，苦
學語言，一絲不苟地記錄，孜孜不倦地追尋文化變遷的足跡，修正調
查提綱和理論預設。他們入鄉隨俗、遵循當地禮節，與村民建立互

---

14 本研究相關課題獲得4次資助，即「青藏高原的兄弟共妻制研究：以衛藏和康的五
　　個社區為例」（香港中山大學高等學術研究基金，2004-2005年）、「青藏高原東部三
　　江並流地區民族文化的歷史人類學研究」（教育部人文社會科學基金，2006-2008
　　年）、「三江並流峽谷的民族文化和社會結構變遷研究」（國家社會科學基金，2007-
　　2009年）、「川青滇藏交界區民族文化多樣性的動力學研究」（國家社會科學基金，
　　2012-2014年）。

信，由此獲得可信的感知材料。但這套叢書不是田野材料的機械堆砌，而是在科學方法和理論模組引導下的分析、綜合與描述，不僅揭示了該地區存在的一些問題——如風俗制度的動力和機制、傳統生計的命運、社會轉型時期婦女的角色變遷等——而且對這些問題做出了切合實際的解答。

這套叢書堅持了民族學研究偏遠之地的優良傳統，同時強調多維視角，突出科研的前沿性、創新性及應用性，對於邊疆少數民族的研究具有彌足珍貴的作用，同時給東南亞乃至世界的民族學提供了參考價值；在搶救和整理瀕臨絕境的原生態文化方面，體現了學術研究在增進國民福祉及促進社會和諧過程中的作用，在為西部開發提供決策依據並帶動民族文化的保護性研究等方面均有不可忽視的意義。

這套叢書還凸顯了「好料做好菜」的訣竅。前期 4 個課題資助，10 餘年田野調查取得的第一手資料絕不會自動轉化為社會公認的產品，需要緊扣「民族特色」提煉選題，科學搭配，形成整體效應。編者先是將婚姻與喪葬制度、血緣組織、傳統生計、本地宗教和外來宗教（東巴教、藏傳佛教和天主教）的碰撞、婦女地位、先進民族的幫助與後進民族的發展等選題集合在一個總題目下共同反映特定區域的文化，「好菜」就做了一半；繼而在中山大學出版社的鼎力協助下申請國家出版基金資助專案，爭取新的資源來整合後續工作。這樣，整道「菜」就做好了。以上兩點在何國強教授與中山大學出版社的通力合作中可見端倪，同時專家的支持[15]也相當重要。在這個基礎上，各分冊的作者和責任編輯保持良好的互動，認真審稿，精益求精地修改文本、補充資料、優化結構，本著為人民高度負責的精神對待自己的

---

15 這套叢書於2011年入選「十二五」國家重點圖書出版規劃專案，2012年入選國家出版基金資助專案。兩次申報工作，均得到四川省社會科學院任新建研究員和中國人民大學胡鴻保教授的極力推薦。

職業。凡此皆說明學術界與出版界的精誠合作對於完成科研成果轉換
的重要作用。

前言

　　本書關注的是金沙江峽谷藏族的喪葬文化。筆者在長達 800 公里的金沙江峽谷分別選擇了青海省玉樹藏族自治州（簡稱「玉樹州」）巴塘鄉、四川省甘孜藏族自治州（簡稱「甘孜州」）白玉山岩鄉與西藏自治區貢覺是三岩區（這兩個地方合併稱為「三岩」）及雲南省迪慶藏族自治州（簡稱「迪慶州」）德欽縣羊拉鄉作為田野點進行為期一年的田野調查工作，通過對當地人處理屍體的方式進行「深描」，探討隱藏在屍體處理背後的「地方性知識」。

　　全書圍繞著三個問題展開：第一，金沙江峽谷的喪葬文化是如何產生的，其歷時性表現是怎樣的？第二，峽谷內各文化層之間的喪葬文化因素是如何結合的，結合以後形成的喪葬文化模式分別是什麼樣的？第三，峽谷內各個田野點的喪葬文化模式存在哪些差異，其原因何在？這三個問題呈現了層層遞進的邏輯關係，前兩個問題是第三個問題的基礎，第三個問題是前兩個問題的結果。

　　在研究方法上，本書主要採用人類學的田野調查方法，通過在田野調查中收集當地的傳說與歌謠、採訪宗教人士與深悉「地方性知識」的老年人，記錄當地的種種喪葬儀式，輔之以人類學的整體觀和比較法對以上提出的三個問題進行研究。

　　在研究視角上，本書梳理了自 20 世紀 20 年代以來學術界對藏族文化的研究視角，嘗試以宗教信仰為主體、以生計模式和社會結構為兩翼對喪葬文化模式進行建構，通過描述峽谷內的宗教信仰、生計模

式與社會結構這三個變數的發展過程，建構每個田野點的喪葬文化模式。

在敘述結構上，本書圍繞「死亡」與「重生」這對概念展開，從主位角度出發，將喪葬文化表達為生者出於對死者靈魂的依戀與恐懼的雙重心理，在一定信仰觀念的支配下，利用自然環境對死者的屍體進行特殊處理以安頓死者靈魂的行為。

關於本書提出的第一個問題，筆者指出，金沙江峽谷多種喪葬文化來自民族遷徙的遺存，它在歷時性方面表現為四個階段。第一階段是史前時代，來自西北氐羌族系的祖先、來自北方草原游牧族系的祖先和西藏土著族系的祖先紛紛湧入金沙江峽谷，給峽谷帶來了食屍葬、野葬以及居室葬、岩洞葬和甕棺葬。從死亡觀方面看，它表明了金沙江峽谷居民的靈魂觀念經歷了一個從無到有又從人鬼共居到人鬼分離的步驟。第二階段是文字時代到 7 世紀左右，以白狼和磨些（也稱「摩些」、「麼些」）為代表的西北氐羌族系、以鮮卑和蒙古為代表的北方族系和以雅隆為代表的土著繼續湧入金沙江峽谷，為峽谷帶來了石棺葬、土葬、火葬與樹葬。這些民族皆持原始的薩滿教，大多有南遷的經歷，因此在死亡觀方面表現了魂歸北方的願望。第三階段是從 7 世紀到 12 世紀左右，隨著吐蕃東進，峽谷內的原始薩滿信仰逐漸過渡到充滿等級森嚴觀念的苯教信仰。具有等級森嚴觀念的苯教為峽谷內的各種葬式烙上了等級的印記，使土葬演變成一種上等的葬式，而水葬則成為一種下等的葬式。在苯教信仰的支配下，這個階段人們的死亡觀都指向靈魂復活，把活生生的現實世界原封不動地投射到死亡觀念當中。第四階段是從 12 世紀起到現在，藏傳佛教傳入金沙江峽谷，使峽谷內原本受苯教支配的喪葬文化轉為受以藏傳佛教為主導的復合信仰的支配。一方面，藏傳佛教各教派盡可能推行印度佛教宣導的火葬、水葬以及野葬（天葬）三大葬式；另一方面，各教派

又根據自身所處的社會環境有選擇性地對原來的葬式進行改造，峽谷內各地自然環境、社會環境不盡相同，葬式的表現亦是如此。這個時段內，峽谷內的藏族群眾基於復合信仰而產生的死亡觀豐富多彩，各式各異。從大的方面來說，佛教所謂的六道輪迴、投胎、轉世等思想是峽谷內老百姓普遍的信仰，但是在投胎、轉世方面，三個田野點的老百姓又表現了許多差別。

在第二個問題上，筆者認為，喪葬事實上是一種文化特質，它把自然環境、社會結構與宗教信仰等諸多要素有機結合在一起，在動態層面相互發生作用。金沙江峽谷喪葬文化的時間區分是空間區分的基礎，空間區分是時間區分的結果。換言之，峽谷喪葬文化的空間區分基本上是基於時間區分的第四個階段成長起來的：①在金沙江峽谷的入口，天葬最為流行，其它葬式僅為輔助，各葬式之間體現了森嚴的等級結構，其送魂儀式主要體現了人們對靈魂進入三善趣的追求──人們多在天上、人間與地下的輪迴空間觀念中追求降生於人間，我們暫且稱之為以天葬為主的等級喪葬文化模式。②在金沙江峽谷的中端，多種葬式並行不悖，送魂儀式繽紛多彩，人們在各種宗教信仰之間對死亡進行隨意解釋，因此那裏的藏族群眾大多只接受苯教靈魂復活觀念與佛教的三善趣觀念，而對佛教所謂的三惡趣給予排斥，我們暫且稱之為多種葬式並行不悖的復合葬文化模式。③在金沙江峽谷的出口，葬式稀少，人們可選擇的葬式也相對較少，土火二次葬一枝獨秀。人們在死亡觀方面表現得相對豁達，最接近印度式佛教徒的死亡觀，同時帶有儒家文化的色彩，我們可以稱之為「含括」孝道的六道輪迴土火二次葬文化模式。

至於第三個問題，筆者相信，長達 800 公里的金沙江峽谷在葬式方面大體呈現了「兩頭少、中間多」的狀態。而以喪葬文化的中軸──死亡觀而言，整條峽谷存在著三種喪葬文化模式，三種不同的

喪葬文化模式事實上是三地復合信仰不同的表現。峽谷入口是彌漫著等級意味的天葬文化，這種喪葬文化從根本上說是佛教信仰「含括」苯教信仰造成的；峽谷中端的復合葬文化模式在宗教信仰方面表現的則是佛「含括」苯或苯「含括」佛的復合宗教信仰；峽谷出口的土火二次葬文化模式在宗教信仰上的表現是佛教信仰「含括」儒學思想的復合信仰。

金沙江峽谷的喪葬文化模式之差異可以分別從當地的地理環境、社會整合方式以及藏傳佛教對其它宗教的整合手段來分析。從地理環境上看，金沙江入口地處高原，那裏的藏族群眾過著一種純粹的游牧生活，其社會整合是基於地緣基礎上形成的機械團結，藏傳佛教噶舉派「含括」苯教，因此人們的死亡觀相應表現了「含括」苯教等級觀的佛教輪迴觀；金沙江峽谷的中端三岩地處山壩，交通閉塞，口袋形的地勢使當地藏族群眾無法與外界進行有效互動，葬式文化易入不易出，那裏的藏族群眾過著半牧半農的生活，其社會整合是基於父系血緣組織——帕措而形成的離散狀態，藏傳佛教寧瑪派組織相對渙散，採納了許多苯教的修持，藏傳佛教信仰與苯教發生交融，使三岩藏族群眾的死亡觀更複雜，表現出插花地式的狀態；金沙江峽谷出口地處河谷，交通方便，其與茶馬古道的中轉站奔子欄接壤，那裏的藏族群眾與外文化互動頻繁，藏傳佛教格魯派以佛學正統自居，為維護佛學的光輝對苯教與巫術採取壓制的策略，但它在發展過程中依靠的是清王朝的武裝力量，無形中也吸納了一定的儒學思想，因此其六道輪迴死亡觀滲透了一種孝道。

導論

第一節　芃野東面的民族學奇觀

一　金沙江峽谷的喪葬類型

「面芃野兮悲橋梓，溯急流兮苦磧沙」，這是南朝謝靈運在〈撰征賦〉中寫下的詩句。其中的「芃野」一詞係指今天的青藏高原東部，在他的眼裏，那裏充滿了悲涼之景。青藏高原位於東經七十四度至一百〇四度、北緯二十五度至四十度之間，西起帕米爾高原、東及橫斷山、北界崑崙山、南抵喜馬拉雅山，整片地域海拔四千公尺以上，因此被冠以「世界屋脊」的稱號。由於海拔高、空氣稀薄，不利於人類生活和工農業生產，長期以來被視為不毛之地。殊不知，這裏一直存在著豐富的民族學資源。

二〇〇六年，民族學家何國強先生在考察這一帶的地方文化時發現這裏存在著眾多的民族學奇觀，其中最獨特的是青藏高原東面南北縱貫八百公里、東西橫亙五十公里的金沙江大峽谷裏同時存在十幾種喪葬類型，它們分別是岩洞葬、居室葬、甕棺葬、石棺葬、樹葬、地架葬、土葬、水土葬、火葬、水葬、塔葬、地葬、天葬以及複合葬。引起他最大興趣的是，金沙江峽谷為什麼會有那麼多種喪葬類型，它們是怎麼來的？這些喪葬類型的背後又隱藏著哪些文化邏輯或者意義結構？為此，何國強先生委託筆者對以上兩個問題展開研究。

金沙江峽谷，地處青藏高原東緣，起點位於川、青、藏的交界

區，終點位於川、滇、藏的交界區。金沙江由北向南蜿蜒而流，峽谷兩岸均是崇山峻嶺。在江的左岸從北到南依次是雀兒山、沙魯里山和中甸雪山，右岸則依次是達馬拉山、寧靜山、芒康山和雲嶺諸山。這些山海拔至少在四千公尺以上，連一些飛鳥都難以逾越（筆者後來進入峽谷調查，因為道路從高山蜿蜒而下，當地人稱陸地交通事故為「空難」，這也足於證明其地理環境的險要），兩山之間的峽谷寬約八十公尺，狹窄處僅二十公尺，坡度一般在三十五度以上，不少地方甚至達到八十度以上，懸崖峭壁的特徵非常明顯。

面對這樣封閉的地理環境，筆者認為，要搞清楚峽谷內喪葬模式的來源及其背後的意義就必須用全域的眼光看問題。即在討論峽谷的喪葬類型時，應該拋棄傳統上以某個田野點的喪葬類型作為例子去探討整條峽谷的喪葬類型的做法。也就是說，我們不能僅僅關注一個田野點，更不能只專注於某個田野點的喪葬類型而忽視與峽谷內其它田野點的對比。因為整條峽谷內部存在著眾多的天然通道，這些通道長期以來為峽谷內的居民提供了交流的可能，這些交流所導致的文化借鑒是理所當然的。因此，從這個意義上說，我們應把選擇的田野點置於整條大峽谷的一個環去考慮，用流動的眼光考察喪葬文化的形成與發展。換句話說，探討喪葬文化在峽谷裏的傳播順序及差異，要求我們盡可能多地選擇田野點去調查研究，至少要關注到峽谷的入口和出口的喪葬文化。

二 研究喪葬文化的意義

提起喪葬，人們很自然會聯想到死亡。確實，從醫學的角度來看，喪葬只不過是人類個體生命終結時所實行的一項活動而已。但是，由於人類社會運作在文化的邏輯結構之中，在這個意義上討論喪

葬便遠遠超越了生與死的界限。換句話說，喪葬不再單純是生命之終結，更重要的是一個民族表達本民族文化的重要手段。因此，我們應該著手研究喪葬，因為研究喪葬至少在學術價值、資料價值和應用價值三個方面有其重要的意義。

首先，學術上的價值大致可以從以下三個方面闡述：第一，這項研究有利於我們深刻地理解民族的文化內涵。由於喪葬涉及靈魂與信仰的問題，不易發生變化，是一個民族最深層、最難以被其它因素改變的風俗，因此，研究喪葬文化最能透視一個民族的精神世界。第二，這項研究對於我們理解青藏高原甚至世界民族的喪葬文化也是非常有意義的。如果我們能夠分清金沙江峽谷的喪葬類型，在某種意義上也就等於摸清了青藏高原的喪葬類型，進而與世界各民族的喪葬類型進行對比，即可最大限度地從整體上瞭解世界各民族的各種喪葬類型。換言之，本研究不是孤立談某種喪葬類型，而是通過談某種喪葬類型逐漸實現由點到線、由線到面，再由面到體的階梯性研究。所謂點的研究，指的是某個田野點的個案研究；所謂線的研究，指的是同一種喪葬類型在不同點的表現的研究；所謂面的研究，指的是不同喪葬類型在多個點的表現的研究；所謂體的研究，指的是各種喪葬類型在全世界的表現的研究。第三，這項研究有助於拓寬人類學研究的領域，推動人類學學科往縱深方向發展。眾所週知，自然科學與人文科學等不少學科都涉及對死亡的研究，但是研究方法和意義不同。醫學領域所謂的死亡忽視了個體的情感和社會的文化；哲學研究死亡主要是空洞的冥想；心理學學科對死亡的研究主要將其控制在可操作的實驗室內，以自然科學的手段進行試驗。人類學是一門人文社會科學，重在尋求文化的意義解釋，從這一點出發，它具有與其它學科不同的價值。與人類學有密切關係的民俗學在研究喪葬方面有突出的成績，不過，民俗學的研究只是將各種喪葬視為風俗加以考察而已。自傳入

中國以來，人類學與民俗學開展了各種合作。民國時期，以任乃強、謝國安、李安宅為代表的學者率先運用人類學的方法對康區風俗進行考察，更是奠定了藏文化研究的堅實基礎。

其次，從民族學的資料價值上看，研究喪葬對於保存民族文化資料具有不可估量的作用。隨著時代的前進，文化變遷在所難免，但文化變遷並不意味著民族傳統文化一定要退出歷史舞臺。然而遺憾的是，在現實世界中，這種現象似乎已經成為一股潮流。例如，在金沙江峽谷一隅——雲南德欽縣的羊拉鄉曾經有三省（自治區）結合部藏族聚居區優勢互補的羊拉弦子文化。早在民國初期，羊拉弦子在奔子欄石議王氏「神翁」管轄下便名揚康巴藏族聚居區。然而，二〇一一年筆者進入羊拉調查的時候，再也聽不到羊拉弦子了，正所謂「逝者如斯，不捨晝夜」，喪葬文化又何嘗不是這樣？如果不加緊對這些文化進行研究和整理，其最終會沉沒在歷史的汪洋中，留給我們無限的空白和遺憾。

最後，從應用價值出發，研究喪葬可以為相關部門指導地方移風易俗提供智力支持。隨著市場經濟之風不斷吹向全國各地，所謂的「現代文明」也隨之而來。在這股熱潮的宣導下，許多傳統民族文化被貼上「原始」、「落後」甚至「愚昧」的標籤。筆者在前往調查點的途中就看見一些鄉鎮掛出「移風易俗」、「喪事從簡」和「文明火葬」等橫幅，似乎換風俗就像換衣服一樣簡單。殊不知，缺乏對民族傳統的理解，以所謂的「現代文明」取而代之將會給社會帶來安全隱患。筆者在考察中途經雲南大理州某縣就發生這樣的事情：某工程隊因為修路遇到村民的先墳阻擋，以所謂「土葬浪費土地資源」為理由強迫村民挖墳火化，結果引起村民的強烈反抗，雙方大打出手，險些鬧出人命。

第二節　喪葬習俗與人類學

一　藏族喪葬文化研究視角

在二十世紀八〇年代中期，民俗學界受楊寬先生所著的《中國古代陵寢制度史研究》一書的影響，「催生了有關喪葬文化研究，並最終在二十世紀九〇年代迎來了作為民俗學或民俗史意義上的喪葬文化研究的一個高潮」[1]。受這股熱潮的驅動，一些學者開始關注少數民族，特別是藏族的喪葬文化研究，大批學術成果陸續湧現出來。現代人類學常常強調以問題意識切入研究。因此，筆者試圖按學術界對藏族聚居區喪葬研究路徑分類概述，以明確本研究的視角。

（一）研究現狀

1 作為奇風異俗的屍體處理記錄

對藏族喪葬風俗做較早記錄的是十九世紀末一些遊客發表的調查報告，如梅心如的《西康》、英國人麥克唐納的《旅藏二十年》、柏爾的《西藏志》、李夢皋的《拉薩廳志》、黃沛翹的《西藏圖考》、劉贊延的《察隅縣志》、朱增鋆的《道孚風俗記略》等。麥克唐納在《旅藏二十年》中寫道：「喇嘛教葬禮四種方法，為天地火水。因教徒頗信天地間有風火水土四種原質，人一死後，其屍體必歸於一原質，所以有此四種方法，天葬（即風）者，極普通，將屍體剖開，搗碎其骨，供給貓頭鷹和烏鴉為食料；火葬者，將屍焚化；水葬者，以屍身

解剖，投入湖河；土葬者甚少，因地寒凍，不易挖掘也。」[2]二十世紀五〇年代，中央民族事務委員會發起在全國範圍內開展少數民族社會歷史調查。由於當時的調查受政治意識形態影響，重心集中於藏族聚居區的經濟與政治，有關藏族喪葬類型的記錄雖然有所涉及，但大多比較簡單。二十世紀八〇年代學科建設恢復，學術界重新燃起了對藏族群眾處理屍體方式的興趣。許光世與蔡晉成的《西藏新志》、黃奮生的《西藏情況》、李安陸的《西藏風俗記》和蔡景峰的《天葬》等作品對藏族群眾的死亡、奔喪、入殮到出殯等整個過程都進行了較為詳細的記錄。仁真洛色則通過田野作業披露藏族群眾形形色色的三次葬和二次葬。他指出，同樣是一種葬法，葬儀有可能不同：「例如同樣是土葬，有的地方要裸葬，有的地方要棺葬，有的地方埋一段時間後要挖起來火化，等等。」[3]

　　這些記錄僅僅關注到喪葬文化中的屍體處理現象，但很少對其背後的文化邏輯進行探討，不過，這些寶貴的材料成為今日學術界深入研究喪葬文化的基礎則是不爭的事實。

2 藏族喪葬與政治關係研究

　　宗教學、歷史學與考古學在研究藏族喪葬時大多傾向探討各種喪葬類型與政治階級分層的關係。

　　宗教學者朵藏加等根據歷史文獻《西藏王臣記》的記錄推斷藏族的天葬是神權與王權合二為一的結果，土葬則是神權與王權分離的結果。[4]霍巍在〈西藏高原史前時期墓葬的考古發現與研究〉一文中認

2　〔英〕麥克唐納著，孫梅生等譯：《旅藏二十年》（北京市：商務印書館，1936年），頁304。

3　仁真洛：〈甘孜藏區喪葬習俗的地方性與民族性〉，《中國藏學》1990年第1期。

4　參見朵藏加、德吉卓瑪：《藏族天葬起源窺探》，見西藏網。

為，藏族「土葬……開始出現專為隨葬入墓而製作的冥器，在遺址灰坑中還有可能與殺祭有關的人頭和人骨架……它已經預示著階級的產生和階級的對立」[5]。歐熙文在〈古藏王墓──兼談西藏的喪葬制度〉一文中認為，西藏在十二世紀之前主要實行的是土葬，而「西藏把屍體餵鷲起源於佛教傳入西藏以後的十二世紀帕當巴桑傑時代」[6]。由於天葬是高僧推動的，因此得到當時統治階級的大力支持，它與當時的政教合一制度不無關係。邊巴次仁認同這種說法，並從階級層面解釋了當時天葬取代土葬的原因。他認為，那是因為天葬「比起苯教的活人殉葬、殺牲祭祀方式要仁慈進步得多，且不致因祭祀中大量牲畜被殺而影響其生活資源」[7]。洛桑棨西在〈藏族曾普遍實行過火葬〉一文中從階級鬥爭分析了土葬衰落的原因：「公元八百六十九年吐蕃爆發了席卷全境的平民和奴隸大起義，憤怒的民眾懷著政治和經濟的雙重目的，一舉將西藏境內的大中型墓葬，幾乎毀絕殆盡。這場急風暴雨般的盜墓毀屍運動，促使靈魂觀念極深的古代先民以此為鑒，從而鄙棄了這種葬俗。」[8] 朵藏才旦、格桑本認為藏族火葬更多代表著一種社會地位、權利和名望：「藏傳佛教佛僧大德們仿傚佛祖及印度火化的喪俗，紛紛執意火化，把火葬清高化、神秘化，成為表現一種社會等級的葬俗，隨之又有附庸風雅、自視高貴的王公貴族、土官頭人大批加入火葬之列，有意無意地排斥了平民階層，使火葬變成了統治階層的喪俗，成為上層人士的專利，平民只能望而卻步，不敢加入。在有的地方，平民若實行火葬，則受到社會的非議和打擊。」[9]

5 霍巍：〈西藏高原史前時期墓葬的考古發現與研究〉，《中國藏學》1994年第4期。

6 歐熙文：〈古藏王墓──兼談西藏的喪葬制度〉，《西藏歷史研究》1978年第4期。

7 邊巴次仁：〈淺談藏族喪葬文化〉，《西藏研究》2010年第6期。

8 洛桑棨西：〈藏族曾普遍實行過火葬〉，《西藏研究》1997年第2期。

9 朵藏才旦、格桑本：《天葬──藏族喪葬文化》（蘭州市：甘肅民族出版社，2000年），頁74。

對於喇嘛來說，火葬之上還有塔葬，它不適用於一般的喇嘛，只是高僧和活佛的專利品，這一切與政教合一的政治制度密切相關。赤烈曲紮在研究水葬時談到：「水葬大部分是乞丐及鰥、寡、孤、獨等經濟地位十分低下的人使用的葬法。」[10]

事實上，就藏族的喪葬文化而言，葬式與政治階級存在密切關係是不言而喻的，但總的來說，學術界對這方面的研究還比較薄弱，大多數學者只關注到金字塔社會中頂層階級與底層階級的葬式，對處於這兩層中間的階層的喪葬文化卻視而不見。

3 藏族喪葬與地理關係研究

受環境決定論的影響，一些學者將藏族聚居區的地理生態環境視為各種喪葬類型產生的物質基礎，主張從地理環境入手研究喪葬文化。從事這方面研究的學者很多，他們的觀點大體一致：一方面，他們傾向於地理環境從根本上決定了藏族的喪葬類型；另一方面，他們反過來論證藏族的喪葬類型對生態環境起保護作用。

在藏族群眾將天葬作為主要喪葬類型的這個問題上，英國學者查理斯・柏爾的解釋就是：「處置屍體最普通的方法，即裂屍於藏野，以饗兀鷹，其原因為土葬則地凍難挖，火葬則乏柴薪，水葬則污及飲水，故拉薩四周之平原以及邊旁之山谷，有數地，即劃出專作鳥葬之用。」[11]這與羅開玉關於藏族群眾史前大規模存在的石棺葬的解釋——「實行石棺葬、石室葬、大石墓、石棚葬的地區，當然首先得具有相當多又便於開採的石料」[12]——有異曲同工之處。丹珠昂奔在

---

10 赤列曲紮：《西藏風土志》（拉薩市：西藏人民出版社，1982年），頁171。

11 〔英〕查理斯・柏爾著，董之學、傅勤家譯：《西藏志》（北京市：商務印書館，1940年），頁376。

12 羅開玉：《喪葬與中國文化》（海口市：三環出版社，1990年），頁74。

《藏族文化發展史》一書中也認為，亡人採用什麼樣的葬式不可能超越現實的生態環境，就算是喇嘛也不例外。他說：「在缺乏燃料的地方，火化是不易辦到的，就是高等喇嘛，也不一定火葬。」[13]邊巴瓊達在解釋天葬的成因時認為，天葬儀式主要靠禿鷲這種靈鳥完成，而禿鷲只能生活在高海拔的地方，這也注定了海拔低的地方不能實行天葬。[14]然而，筆者在田野點卻發現，有禿鷲的地方藏族群眾不一定實施天葬，而在一些海拔低、沒有天葬臺的村落，有些藏族群眾就算翻山越嶺也要把亡人送到幾十公里遠的地方實行天葬。例如，雲南德欽縣羊拉鄉的鄉長立青農布家住在佛山鄉，二〇〇八年他的岳父死亡，由於當地沒有禿鷲，他們又不願意對岳父採用別的喪葬方式，所以他不惜重金雇車將岳父的屍體送到千里之外的西藏芒康縣實行天葬。

我們不能否認環境在解釋文化發生學方面的可取之處，但就環境對喪葬的影響而言，絕無可能上陞到決定的高度。因此，將喪葬成因完全歸結於環境必然得不到科學的解釋。誠如仁真洛色所說：「一些靠近江邊的地方，比如雅礱江邊的雅江屬普巴絨絕少水葬，但一江之隔的理塘屬普巴絨卻盛行水葬。」[15]很顯然，這種現象是不能用地理環境來解釋的。

4 藏族喪葬與宗教信仰關係研究

英國人類學家馬林諾夫斯基（Malinowqki，又譯「馬淩諾斯基」）認為：「在人類所有的事件中，死亡擾亂了人類的理性，使人類越發恐懼，這是宗教信仰的主要來源。」[16]藏族群眾的宗教信仰一直

---

13 丹珠昂奔：《藏族文化發展史》（蘭州市：甘肅教育出版社，2001年），頁742。
14 參見邊巴瓊達：〈淺析西藏天葬習俗的成因及文化含義〉，《西藏研究》2005年第1期。
15 仁真洛色：〈甘孜藏區喪葬漫談〉，《康定民族師範高等專科學校學報》1990年第1期。
16 B. Malinowski, "The role of magic and religion". In W. Lessa and E. Vogt(eds.) *Reader in Comparative Religion.* Row, Peterson Co, 1962：86-99.

以來都是學術界研究藏族文化時最關注的因素，喪葬亦是如此。在這個層面上，學術界對天葬起源的爭議非常激烈。

　　以王堯為代表的學者持「佛教教義」說。他們認為，天葬不是藏族土生土長的喪葬類型，而是由印度傳入西藏的，其核心內容是「布施」，這是一種捨己利他的思想，它與佛教教義中「捨身飼虎」、「割肉貿鴿」的佛經故事密切相關。[17]。但是，佛教教義說不能夠回答的問題是：為什麼信仰佛教的僧侶和喇嘛死的時候不實施天葬。與佛教教義說不同，霍巍認為天葬來源於中亞（伊朗），是中亞拜火教向西藏傳播的結果。[18]然而，拜火教教義說也不能完全令人信服，其疑問在於藏族群眾認為天葬的屍體是「乾淨」的，這一點與視屍體為不乾淨的拜火教理念恰恰相反。湯惠生根據青海化隆雄先鄉上半主窪發現的卡約文化和西藏昌都貢覺的香貝石棺墓中大量存在剔屍、曝屍、割肢的現象提出苯教教義說。他認為，這種先把人割肢然後埋葬的形式屬於典型的二次葬，其目的是為了「再生」，這符合苯教關於人的生命在骨骼裏、憑藉骨骼可以再生的教義。[19]李家平則認為，天葬最初起源於藏族的圖騰崇拜，這是來自人類不分種族從氏族時期就有的願死者靈魂昇天的共同心理的表現。[20]熊坤新等則綜合上述幾位學者的觀點，提出了「天葬是經歷過原始天葬到人為天葬的階段，經歷過圖騰崇拜的時代，然後受到苯教影響，繼而才是受到佛教影響」[21]的觀點。

17 參見王堯：〈喇嘛教對藏族文化的影響〉，《青海民族學院學報》（社會科學版）1979年第Z1期。

18 參見童恩正：〈西藏考古綜述〉，《文物》1985年第3期。

19 參見湯惠生：〈藏族天葬和斷身儀軌源流考〉，《中國藏學》2001年第1期。

20 參見李家平：〈昌都「鍋莊」淺析〉，見《西藏民族民間音樂舞蹈文集》（油印本）（拉薩市：西藏自治區民族藝術研究所，2004年）。

21 熊坤新、陶曉輝：〈天葬起源之探索〉，《西藏研究》1988年第3期。

　　儘管學術界對天葬的起源研究沒有達成統一的結論，但對於目前
藏族的天葬主要受佛教教義支配與影響已經達成了共識。至於土葬，
學術界則沒有太大的爭論，即都承認土葬的起源受苯教影響。這正如
挪威學者帕·克瓦爾耐所說：「完全是因為辛和苯波精通喪葬儀式才
把他們從象雄和勃律(吉爾吉特)請到西藏來……止貢贊普……死後屍
體留在了地上。從象雄召來了苯波，讓他們修建陵墓並第一個舉行相
應的葬儀。」[22]

（二）成果與不足

　　綜合以上的論述，可以歸納出以下三點：第一，就研究學科來
看，對藏族喪葬研究的領域涉及民俗學、宗教學、歷史學、考古學和
地理學等眾多學科，民俗學與考古學在這方面的研究成果比較突出。
比較有代表性的專著有霍巍的《西藏古代墓制度史》（四川人民出版
社，1995 年）、尕藏才旦與格桑本的《天葬──藏族喪葬文化》（甘
肅民族出版社，2005 年）和馮智的《慈悲與紀念──雪域喪葬面面
觀》（青海人民出版社，1998 年）。霍巍的《西藏古代墓制度史》是
一部將考古資料和歷史文獻結合的作品，書中系統、全面而且有條理
地介紹了藏族的喪葬制度史，在喪葬制度史研究方面是不可多得的著
作。馮智的《慈悲與紀念──雪域喪葬面面觀》則圍繞著藏族的死亡
現象展開，對藏族的幾種喪葬方式進行描述，揭示了藏族思想中「靈
魂不滅」的傳統觀念，對研究藏族的喪葬文化也頗有學術價值。除了
以上專著以外，赤列曲桀的《西藏風土志》（西藏人民出版社，1982
年）、才讓的《藏族民俗彙編》（甘肅民族出版社，1998 年）、陳立明

---

22 〔挪威〕帕·克瓦爾耐著，褚俊傑譯：〈西藏苯教徒的喪葬儀式〉，見《國外藏學研
　　究譯文集》（第五集）（拉薩市：西藏人民出版社，1989年）。

與曹曉燕的《西藏民俗文化》（中國藏學出版社，2003 年）部分章節
和內容也涉及了葬俗方面的討論。第二，就研究角度來看，筆者有必
要指出，以上四種研究角度並不是孤立的，之所以分開敘述，完全是
明確本書的研究角度所需。例如，焦治平與陳昌文的研究就結合了宗
教信仰和地理環境兩者對喪葬的影響。他們認為：「地理環境在很大
程度上抵消了宗教的決定性影響，特別是苯教所推崇的土葬和佛教所
推崇的火葬的影響，宗教反過來削弱了地理環境對葬俗的限制和束
縛。」[23]華銳‧東智也指出，藏族的喪葬除了受地理環境和宗教信仰
因素影響外，還受社會形態因素影響。[24]星全成總結得更為全面。他
說：「葬式的差異與一定的地理環境密切相關」、「喪葬儀禮受經濟條
件的限制」、「喪葬被烙上明顯的等級印跡」與「宗教對藏族喪葬的影
響十分深刻」。[25]第三，就研究的結論來看，雖然學者們的觀點有衝
突，但也達成了一定的共識，即都承認目前的藏族喪葬文化受地理環
境的影響和佛教教義的支配。有了這個共識，我們就可以在這個基礎
上討論問題。

　　以上三點成果必將成為今後一段時間內學術界持續研究的參照。
但這些研究成果也顯示了三個不足的地方：第一，民俗學與考古學對
藏族喪葬的研究熱衷於追求各種葬式的起源，對葬式背後所隱藏的文
化意義關注不夠，忽視了主位的解釋。第二，目前學術界將研究焦點
集中於探討各種喪葬類型的起源，恰恰說明它忽視了建立於現實調查
基礎之上的研究。翻閱浩如煙海的各種關於藏族喪葬的學術著作，幾

---

23 參見焦治平、陳昌文：〈論地理和宗教在藏族喪葬風俗中的作用〉，《西藏研究》
　　2003年第3期。
24 參見華銳‧東智：〈華銳藏區的喪葬習俗淺論〉，《中國藏學》2008年第2期。
25 星全成：〈民主改革前藏族喪葬制度〉，《青海民族學院學報》（社會科學版）1997年
　　第1期。

乎還沒有發現任何關於藏族喪葬研究的民族志出版，這對於以研究民族文化為己任的民族學來說顯然是一大遺憾。筆者認為，基於田野調查所寫的民族志作品對於深入推動藏族喪葬文化的研究是至關重要的，因為喪葬文化畢竟活生生地存在於現實的文化之中。第三，雖然學術界已經籠統提出了藏族喪葬文化受佛教教義的影響，但是幾乎所有的研究者都迴避了藏傳佛教不同教派在死亡觀方面表現的差異，這是否等於默認藏傳佛教不同教派具有相同的死亡觀呢？筆者將沿著這一思路展開深入的研究，力圖在這方面有所突破。

　　簡而言之，學術界有關喪葬研究的大多數作品只是停留在一種靜態的描述當中，缺乏動態跟蹤，表層建構多於深層分析，因此構建喪葬文化理論還有待後輩學者的推動。人類學學科能否在藏族的喪葬文化研究上有所作為呢？要回答這個問題，我們必須回到人類學對葬禮的討論中去。

二　人類學視野下的葬禮研究

　　人類學自誕生以來，雖然對死亡的話題進行迴避，但是人類學家十分關注人類社會的葬禮。概括地說，人類學對葬禮的研究主要呈現了四種路徑或者說四種傾向。

　　第一種研究路徑秉承哲學的研究路線，將葬禮視為死亡與復活的樞紐，探討原始人舉辦的各種葬禮中反映的生與死之間的關係。該派的研究者眾多，但以弗雷澤（Sir James George Frazer）和馬林諾夫斯基最具代表性，二者在研究葬禮時都注意到了原始人大面積存在靈魂觀念。弗雷澤在聞名於世的《金枝》（Golden Bough）裏談到，那些盛行圖騰崇拜的未開化民族普遍存在把已到青春期的孩子打暈又使他蘇醒的儀式。他認為，這是因為原始人無法區別昏迷與死亡，遂將二

者畫上等號。原始人確信把人打暈（即「死亡」）以後，孩子的靈魂會從身體出來進入圖騰的身體，而圖騰的靈魂也在這期間與孩子的靈魂發生交換。[26]在弗雷澤看來，原始人已經能夠從自然界冬去春來、晝夜交替的現象中悟出死而復生的道理。簡‧哈裏森在《西密斯女神》（Themis）中認為，這裏的操作方法就是巫術，原始人確信能通過神秘的巫術將靈魂轉移到一個新的生命中。[27]馬林諾夫斯基雖然反對弗雷澤的進化論，但他並不否認未開化民族有靈魂存在的觀念。在論文《死亡之靈》（Baloma: the Spirits of Dead）中，馬氏討論了特羅布裏恩群島島民的信仰：每一個世系群都有一個固定存儲靈魂的地方，當一個世系群的成員死亡以後，他的靈魂就走向一個叫圖馬的地方，那是一個死亡之島，這個靈魂將會在那裏定居下來，與之前死去的那些親人的靈魂一起長期生活。如果這個靈魂想回到它之前生活的世界，它必須想方設法進入其世系群的女成員的子宮裏面。[28]馬林諾夫斯基還注意到了人們對靈魂懷有深深的恐懼。他說：「在人類所有的事件中，死亡擾亂了人類的理性，使人類越發恐懼，這是宗教信仰的主要來源。」[29]概而言之，弗雷澤和馬林諾夫斯基都相信，原始人是有靈魂觀念的。在原始人看來，生命是肉體與精神相結合的客觀存在，而死亡則是靈魂與肉體分離的過程，未開化民族舉辦葬禮的目的無非是給死者的靈魂一種安慰，以避免人類的正常生活受到威脅。

　　第二種研究路徑是象徵主義的研究。該派的研究與前一派的研究

---

26 參見〔英〕J. G. 弗雷澤著，徐育新、張澤石、汪培基譯：《金枝》（北京市：大眾文藝出版社，1998年）。

27 參見J. Harrison. *Themis*. Cambridge University Press, 1912.

28 參見B. Malinowski. "Baloma, the Spirits of Dead".In Magic, Science and Religion. Faber and West, 1948.

29 B. Malinowski. "The role of Magic and Religion". In W. Lessa and E. Vogt(eds.). *Reader in Comparative Religion*. Row, Peterson Co, 1962：86-99.

頗有相似之處，它同樣是將葬禮視為生與死之間的橋樑，不過該派更注重的是葬禮之中所體現的象徵關係，將目光聚焦於人們在舉辦葬禮時體現的對重生的象徵概念。巴霍芬（Johann Jakob Bachofen）和利奇（Edmund Leach）是這一派突出的代表。一八五九年，巴霍芬在《神話、宗教與母權》[30]一書裏曾對羅馬人喪葬儀式與墳墓旁邊經常出現一些塗著半白半黑顏色的雞蛋進行研究。他認為，半白半黑顏色的雞蛋象徵了白天與黑夜、生命與死亡。他說：「作為一個整體，自然界具備生命與死亡的兩面性而大放異彩，這就是為什麼生命的象徵如此頻繁地出現在墳墓中。」[31]利奇從人為世界的象徵秩序出發研究死亡，並認為死亡、葬禮是人類人為劃分時間和空間的重要標誌。「當我們談到可測量的時間時，似乎認為時間是一個具體的可以測量的東西，事實上，我們只是通過創造社會生活的一些界限來創造時間而已。」[32]為了創造這些界限，人類把葬禮看成神聖的、莊嚴的場合。因此，當人們談到死亡的時候，往往會將它與生存視為類似於晝夜交替一般的孿生兄弟。該派的另外兩位學者亨廷頓（Huntington）與梅特卡夫（Metcalf）分別在非洲馬達加斯加島與婆羅洲（Borneo）研究葬禮時，也經常發現性與生育能力的生命價值經常支配著整個喪葬儀式。

第三種研究路徑是把葬禮看成社會的反常現象，主張從社會結構入手討論個人死亡與社會秩序的關係。該派研究早期由涂爾幹（Durkheim）、阿爾弗雷德·拉德克利夫·布朗（Alfred R Brown）和

---

30 《神話、宗教與母權》於1967年由E. Mannheim翻譯成英文在英國倫敦出版，此處引的是英文版。

31 J. J. Bachofen. *Myth, Religion and Mother Right*. Routledge and Kegan Paunl, 1967：39.

32 E. R. Leach. "Two essays concerning the symbolic representation of time". In *Rethinging Anthropology*. Athlone Press, 1961:135.

羅伯特・赫茲（Robert Hertz）等人宣導，後期由維克多・特納（Victor W. Turner）和范・蓋內普（Arnold Van Gennep）等人繼承。涂爾幹創造了「社會事實」這一概念以後，在其名著《自殺論》中就提出把死亡視為「集體意識」來理解的觀點。作為涂爾幹的學生，羅伯特・赫茲進一步指出「亡人並不僅僅是生物的個體，而且還是基於生物個體之上的社會存在」，「人的死亡會導致社會進入失秩狀態」，[33]所以一個人死亡以後採用的喪葬方式，死者的親朋在這期間所表現的情感更多來源於社會的「集體意識」而非靈魂信仰。赫茲還討論了印尼和馬來西亞普遍存在的二次葬。他說，首次葬通過對屍體的暫時性處理體現了社會的分裂，第二次葬則體現了人們對「社會意識」的重構。從以上論述可以窺見，塗爾乾等人的研究非常注重死亡對於創造社會共同體的意義。范・蓋內普和維克多・特納在後期開展的儀式研究中將各種儀式（包括葬禮）看成人們表達情感、強調群體意識的場合，事實上正是繼承了早期涂爾幹的研究路徑。總的來說，二者認為儀式與社會結構之間存在一種功能關係，儀式總會反映社會結構，而葬禮呈現的是一種「反結構」現象。因為在葬禮中，任何階級、身份、地位都統統消失，這時的人無高低貴賤觀念，社會的異質性此時得以暫時消弭。儀式結束以後，社會又恢復常態，葬禮強化了社會既定的秩序。所以，儀式體現的是結構—反結構—結構的過程。[34]

第四種研究路徑傾向將葬禮當作一種人們理解世界的文本來解讀，從而對其進行「深描」，格爾茨（Clifford Geertz）是這一派最負盛名的旗手。在爪哇進行田野調查期間，參加了十幾場葬禮的格爾茨

---

33 R. Hertz. "A contribution to the study of the collective representation of death". In *Death and the Right Hand*. Cohen West, 1960：77.

34 參見〔英〕維克多・特納著，黃劍波、柳博斌譯：《儀式過程：結構與反結構》（北京市：中國人民大學出版社，2006年）。

發現爪哇的葬禮非常平靜，沒有悲痛也沒有哭泣。在這些葬禮中，眼淚得不到認可，當然也得不到人們的鼓勵。生與死是絕對被嚴格區分的，人們所要做的事就是盡自己的努力平靜地生活下去。一個在葬禮上號啕大哭的人甚至會引起其它人的恐慌，被其它人阻止。格爾茨認為，這樣的葬禮缺乏「對恐懼、沮喪、道德下降的離心力起抗衡的作用」[35]。在解釋原因的時候，格爾茨認為，「迅速的社會變遷已經使爪哇人的社會發生分裂，這反映在文化瓦解之中，文化的衰敗已經導致了社會的分崩離析；失去了強有力的民間傳統，個人之間的道德聯繫也就削弱了」[36]。在格爾茨看來，文化是由符號體系組成的，而符號所體現的就是意義，而人便是掛在這些意義之網上的動物。因此，在理解喪葬儀式的時候應該將其當作當地人理解和解釋世界的一種方式，或者當作一種文本進行解讀，從中發掘「地方性知識」。

　　筆者相信，以上幾種研究視角並不是矛盾的。譬如，以利奇和弗雷澤的研究來說，兩者的研究路徑雖然不同，但實質都指向了死者與生者之間的關係；只不過前者把人們關注來世的目光拉回到了現世，後者恰好相反，他把現世的生活移植到來世。這幾種方法體現了人類學在研究葬禮時所具有的與其它學科不同的視角。然而，將這些視角運用於田野研究時卻不能生搬硬套，必須與當地的特殊地理與人文環境相結合。尤其對於研究作為民族走廊的金沙江峽谷來說更是如此。因為「民族走廊的特殊含義在於，某一或某些民族長期遷移的路線必須在特定的自然地理的走廊環境中」[37]。民族走廊的文化具有多樣

35　〔美〕柯利弗德・格爾茨著，韓莉譯：《文化的解釋》（上海市：譯林出版社，1999年），頁197。

36　同上。

37　李紹明：〈「藏彝走廊」研究與民族走廊學說〉，見石碩主編《藏學學刊》第2輯（成都市：四川人民出版社，2005年），頁6。

性，在民族走廊裏面，各民族長此以往沿著此環境遷徙，必然會形成你中有我、我中有你的格局。這一事實間接表明了每個民族的風俗有可能存在相互影響、相互借鑒的現象，而作為一種風俗的喪葬文化也不例外。換言之，我們在研究這一區域的喪葬文化時應該關注「歷史形成的民族地區」和「各個民族在歷史上是怎樣運動的」。[38]

第三節　喪葬文化模式的建構

一　金沙江峽谷與川、青、滇、藏交界區

（一）田野點的選擇

　　筆者在金沙江峽谷選擇了川、青、藏交界處的青海玉樹巴塘鄉，川藏交界的三岩，川、滇、藏交界的羊拉鄉作為田野調查點。

　　至於選擇依據，大體可以從以下的闡述中得以說明。

　　首先，本書是多點民族志的調查，從整條峽谷的環境出發，分別在峽谷的一頭一尾和中間進行調查有利於從整體上將整條峽谷的文化串聯起來進行考慮，並從整體上理解整條峽谷的文化。人類學是通過建構他者來理解自我的，多點調查、多點連接以及相互印證、相互比較可以增加民族志敘述的生動性。這正如製作電影時切換鏡頭一般，連續切換便能實現完整的畫面。

　　其次，田野點涉及川、青、滇、藏四個省（自治區）的藏族。其中，巴塘鄉屬於青海的玉樹縣，三岩屬於四川的白玉縣和西藏的貢覺縣，羊拉鄉則屬於雲南的德欽縣，這樣便於筆者考查國家行政力量在地區推行移風易俗的影響力。不過筆者同時強調，考查國家行政力量

---

38 參見石碩：〈藏彝走廊的歷史文化特點〉，《西南民族大學學報》2007年第1期。

對這些田野點在移風易俗方面的影響不等於筆者在研究中採用行政的邊界對民族文化進行劃分。

最後，多點的選擇也是為了類型比較的需要。二十世紀九〇年代費孝通先生在回應英國人類學家利奇關於「江村不能夠代表整個中國」的質疑時曾做過精闢的解釋：「如果我們用比較方法把中國農村的各種類型一個一個地描述出來，那就不需要把千千萬萬個農村一一地加以觀察而接近於瞭解中國所有的農村了。」[39]雖然費先生最初提出類型比較法不是用來研究喪葬的，但是這種研究方法同樣適用於筆者的研究。

需要指出的是，在民族走廊的研究中，無論選擇哪個田野點，都不能僅僅將目光局限在這個田野點上，而必須將一個田野點看成許多網格之中的一個結，關注這個結在整張網裏面與其它結的相互關係。為此，筆者的研究力圖引用「圍棋式串聯」[40]的方法，將川、青、滇、藏交界區的田野點作為縮影，關注區域的族群流動所帶來的文化沉澱及其所生產的複合文化，描繪更大範圍內的歷史變遷所導致的文化變遷。

筆者在田野調查期間主要做了以下幾項工作：

一是收集傳說與歌謠。在田野調查期間有意識地收集了當地的歷史傳說與喪葬歌謠。傳說大多與宗教有關，一些甚至已經形成文字被記載下來，但更多的傳說僅在民間以口頭的形式流傳。為了增加民族志的敘事力度，筆者在行文中將有選擇性地使用這些傳說。傳說在一定程度上可以反映歷史，也可以增加民族志描述的厚度。喪葬歌謠活生生地體現在每一場喪葬儀式中，它更能體現一個民族的死亡觀，對

---

39 費孝通：〈人的研究在中國〉，見《費孝通文集》12卷（北京市，群言出版社，1990年），頁47。

40 參見費孝通：〈關於我國民族識別問題〉，《中國社會科學》1980年第1期，頁343-345。

於解釋峽谷內各種喪葬類型的來源及其文化邏輯無疑具有重要意義。

二是做喪葬史的訪談。在田野調查期間,筆者有意識找那些上了年紀的老年人進行深度訪談。這些老年人社會閱歷豐富,他們對自己祖輩所實行的喪葬還有著一些模糊的記憶。通過回憶,他們向筆者詳述了已經遠去的地方史甚至是生態與宗教的變遷。這些口述,一方面對於彌補歷史的缺失大有裨益;另一方面,也為筆者的民族志描述增添了色彩,使筆者的文本敘述更加生動形象。

三是記錄喪葬儀式。送魂儀式是一個民族死亡觀的核心體現。筆者在田野調查期間一共參加了六場喪葬儀式,並對喪葬儀式的每個關鍵環節進行了記錄。然後,通過每天與藏族群眾一起轉經、拜佛、燒香等,盡可能走遍每一處森林、牧場與河流,獲得相關資料,將這些資料整合,然後進行綜合研究。

(二)調查方法與寫作資料

「任何一門學問,都應以絕對坦誠和毫無保留的方式披露其科學研究的結論。」[41]因此,科學的調查方法既要基於材料的真實性,也要本著對文本負責的態度。本書在收集田野資料與分析資料期間主要使用了以下幾種方法。

一是文獻查閱與田野調查。對於人類學工作者來說,「可以把田野調查比作一扇狹小的窗戶,人類學工作者離這扇窗戶比較遠,他就只能看見窗外的一點亮光,但當他向窗戶走近些時,他所看到的窗外景象就越來越多;直到最後,當他貼近窗戶時,他能夠透過這個狹小

---

41 〔英〕馬淩諾斯基著,梁永佳、李紹明譯:《西太平洋的航海者》(北京市:華夏出版社,2002年),頁2。

的窗戶看到整個世界」[42]。科學的結論應來源於田野，但在進行田野
工作之前還要進行文獻查閱，這兩方面是相輔相成的。文獻查閱是田
野調查的基礎，田野調查是文獻查閱的檢驗。筆者在進入田野調查之
前就已經開始對金沙江峽谷的相關資料進行查閱，這些文獻主要包括
前人關於這一區域的研究成果、民族調查材料、地方志與民族史。通
過查閱文獻，形成問題意識，再帶著問題意識深入田野進行調查。這
是一種很好的方式，它能使筆者在有限的時間內快速鎖定調查目標，
最大限度地避免調查內容的遺漏。譬如，在進羊拉鄉調查之前，筆者
就從一份民族調查材料中瞭解到納西族在過去普遍盛行火葬，在進入
田野以後，筆者瞭解到羊拉鄉曾經受納西族的統治，便帶著這個問題
讓村民追憶這種葬式，以此還原了羊拉鄉歷史上的火葬。

　　二是訪談方法與繪圖統計。田野調查當中死亡事件發生具有偶然
性和不確定性，因此僅僅通過參與觀察是不能夠從根本上對死亡文化
進行整體描述的，這要求筆者必須借助訪談和統計的方法才能更好地
對當地的喪葬文化展開研究。訪談分為非結構性訪談和結構性訪談。
非結構性的訪談主要通過召開座談會。這些座談會不一定在會議室，
可以在田邊、莊稼地、牧場，也可以在鄉村任何一條小道上。筆者提
供必要的香煙、酒、牛肉和食品，讓村民們無拘無束地暢談，自己則
在一旁做好記錄。當然，非結構性的訪談不等於漫無目的地聊天，當
村民的話題扯遠的時候，筆者經常在旁邊有意識地將話題拉回到死
亡、喪葬和信仰的討論中來。訪談結束以後，通過整理記錄，就可以
篩選出有效的信息。結構性的訪談使調查焦點更集中，圍繞喪葬的話
題，通過事先設計好的問題向當地人請教，大大提高了田野調查的效

---

42 何國強：《圍屋裏的宗族社會——廣東客家族群生計模式研究》（南寧市：廣西民族
　　出版社，2002年），頁10。

率。需要指出的是，限於語言溝通的障礙，筆者獲得的訪談資料都是翻譯而成的。因此，這些經過翻譯的資料有可能與報導人[43]所表達的本意存在偏差，而糾正這種偏差的最好方法是長時間與報導人一起生活，努力學習他們的語言，和他們同吃同住同勞動。筆者堅信，這就是人類學學科永葆活力的方法。

除了訪談以外，繪圖也是必不可少的。本書的繪圖主要是繪製鄉村各種文化事項的分佈圖，包括葬禮的場面、屍體的處理場景、墳場和棺材等，幫助讀者建立直觀印象。筆者也對社會學的統計分析法進行了一定借鑒，並有意識地將這些方法融入人類學的調查當中。統計包括收集死亡人數，也包括收集各種喪葬類型的方式，獲得真正意義上的「地方性知識」。需要說明的是，繪圖和統計只是本研究的輔助手段，但將多種手段結合起來有助於對材料進行立體的解讀。研究方法是中性的，這就要求筆者站在主位與客位的立場上對資料進行解讀，既要能走進去，也要能走出來，這一點自不待言。

三是整體觀與比較法。整體觀是人類學研究方法的一大利器。人類學的整體觀將文化視為一個整體，其中各要素之間存在有機的聯繫，不可分割，在這個系統中，文化的每一個要素所扮演的角色都不同。因此，研究文化就是研究這種文化的每個要素所扮演的角色及不同要素之間的互動關係。從這個視角出發，將喪葬視為一個體系，或者說一個「文化叢」。對這個文化叢的研究必然要涉及諸如生態環境、宗教信仰與社會結構等方面的因素，並將這些因素進行綜合考慮。至於類型比較，在選點時筆者已經闡述，在此不再重複。不過，需要指出的是，本書所用的比較法不僅包括類型比較法，還包括文化

---

43 報導人：在實地調查中，一些瞭解與懂得地方社會歷史與宗教知識的人，或者生活經歷豐富的人成為訪談對象，筆者稱之為「報導人」。另外，出於尊重報導人的隱私，書中的報導人都使用化名。

比較法。文化比較法可以有效地避免文化中心主義的偏見。這裏所說的文化比較法包括三個方面的含義：其一是指同一種喪葬類型在不同生態環境和宗教影響下的比較；其二是指在不同的喪葬類型之間相互比較；其三是指在大致相同的生態環境和宗教等因素影響下同一種喪葬類型的比較。文化比較不僅能夠有效地揭示不同生態、不同宗教影響下的喪葬之共性，也能夠有效地解釋在相同的生態環境下受同一種宗教影響下的喪葬類型之差異。

從大的方面來說，本研究的資料來源可以分為兩大類：大部分資料來源於筆者田野調查，這些資料是支撐本研究的主要材料；除此之外，筆者在寫作中還參考了部分文獻資料。這些文獻資料主要分為四類。

一是古籍文獻類。主要包括西北、西南少數民族一些古籍文獻中對各種喪葬制度的記錄。比如《蠻書》、《大唐西域記》、《宋史》、《隋書》、《後漢書》、《南史》以及《北史》中對康區少數民族喪葬風俗的記錄。

二是地方志書類。主要有《玉樹縣志稿》，這是筆者調查玉樹巴塘鄉的喪葬文化時主要參考的地方志。此外，其它地方志如《石渠縣志》、《昌都縣志》和《江達縣志》亦在參考範圍之內；位於德欽的羊拉鄉素有「雞鳴三省」的美譽，除了參考《德欽縣志》以外，還必須參考《得榮縣志》、《巴塘縣志》與《芒康縣志》；《白玉縣志》和《貢覺縣志》是筆者研究三岩喪葬文化時參考的最重要的地方志。另外，玉樹縣政府、白玉縣政府、貢覺縣政府與德欽縣政府檔案館的一些檔案、工作報告等也為筆者從宏觀上把握地方的歷史文化提供了指南。

三是二十世紀五〇年代前學者的調查報告。這類調查報告非常多，最著名的是周希武的《玉樹調查記》[44]。這部書分別從玉樹的部

---

44 周希武著，吳均校釋：《玉樹調查記》（西寧市：青海人民出版社，1986年）。

落、山脈、水道、地形、政治、宗教、風俗、實業、掌故、考證幾個方面進行全面系統的介紹，是二十世紀上半葉對玉樹最早最全面的研究著作，參考價值頗大。除了《玉樹調查記》以外，清末民初還有大量關於康藏風土人情的調查報告[45]，這些都是筆者在寫作過程中參閱的重要資料。

四是二十世紀五〇年代的少數民族調查資料。二十世紀五〇年代，中央民族事務委員會在全國範圍內開展全國性的民族識別調查和少數民族語言、少數民族社會歷史調查。這期間出版的一批頗具學術價值的參考資料[46]也在參考範圍之內。迄今為止，這批資料在保存民族文化方面具有無可替代的價值。

---

45 這批調查報告包括方范九的〈青海玉樹二十五族分區調查〉（《新青海》1933年第1卷第3期）和〈青海玉樹二十五族之過去與現在〉（《新亞細亞》1935年第9卷第1期），佚名的〈青海玉樹二十五族與環海八族〉（《蒙藏月報》1934年第1卷第4期）、〈青藏川邊境番民之狀況〉（《西北研究》1931年第3期）和〈青海各縣番族之調查〉（《新青海》1934年第2卷第10期），倪雲傑的〈玉樹二十五族之現狀〉（《邊疆通訊》1943年第1卷第3期），黃舉安的〈玉樹二十五族巡禮記〉（《蒙藏月報》1940年第12卷第13期），倪鍇的〈玉樹二十五族〉（《邊疆通訊》1943年第1卷第3期），吳均的〈玉樹區藏族部落之變遷〉（《西北世紀》1949年第4卷第6、7期），俊逸的〈玉樹二十五族略〉（《西北世紀》1949年第4卷第1期），潘榮中的〈玉樹概況〉（《蒙藏月報》1938年12月到1939年5月第9卷第36期、第10卷第13期刊），李得賢的〈青海風俗雜記〉（《文史雜誌》1941年第1卷第10期），李式金的〈玉樹民俗〉（《西北學術》1943年第1、2期），文郁的〈玉樹風土紀略〉（《海澤》1934年第2期），邊鐸的〈青海玉樹與西藏〉（《開發西北》1934年第1卷第4期），張文群的〈玉樹紮武家跑馬會〉（《邊疆通訊》1948年第5卷第10、11期），李式金的〈雲南阿墩子——一個漢藏貿易要地〉（《東方雜誌》1944年第40卷第16期），等等。

46 這批資料有《玉樹區社會情況》（1951年）、《玉樹地區舊刑罰制度》（1954年）、《民主改革前青海藏族牧區社會性質的幾個問題》（1959年）、《玉樹藏族自治州概況》（1985年）、《青海省藏族蒙古族社會歷史調查》（1985年）。

二　建構喪葬文化模式的途徑

（一）本書的論證邏輯

如果將文化比作一個完整的生命個體，那麼物質文化大體相當於這個個體的骨骼，而制度文化則是這個個體的肉，精神文化便是這個個體的血液。最能夠徹底理解一個人的方法不是關注其骨骼，而應該關注其血液。因此，要預測一種文化的變遷和趨勢，就應該將目光集中於精神文化，這正如醫院通過檢測個體的血液就能夠清楚其是否患病或者將來是否患病一樣。在文化的三分法之下，可以把整個喪葬過程中的屍體處理視為物質文化，屍體處理之後隱藏著不可見的精神文化——信仰，信仰中體現的中軸就是死亡觀，能夠把屍體處理與死亡觀連接起來的就是儀式，即制度文化。

具體到喪葬這個問題，筆者認為，能夠最徹底理解喪葬文化的途徑不是關注屍體處理，而是關注屍體處理背後所體現的死亡觀。因此，筆者試圖將各種喪葬類型當作物質外殼，抓住外殼之下的信仰中軸——魂歸故里，對送魂儀式進行「深描」。這也是沿襲格爾茨理解世界文本的方法。

遵循導論所提出的問題意識，本研究力圖揭示以下三個問題：第一，歷史上這條峽谷在喪葬文化方面顯示出多少文化層，每一文化層的喪葬文化有什麼特點？第二，各文化層之間的喪葬文化因素是如何結合的，結合形成的喪葬文化模式分別是什麼樣的？第三，峽谷內各個田野點的喪葬文化存在哪些差異，其原因何在？需要指出的是，這三個問題呈現的邏輯關係並非是並列的，而是層層遞進的。在邏輯上，前兩個問題是第三個問題的基礎。

從文獻綜述出發，筆者將目前學術界對藏族喪葬的三種視角——即地理生態、政治結構與宗教信仰三方面糅合起來解決以上三個問題。

地理生態是一種自然變數，它接近於「一種緩慢流逝、有時接近於靜止的時間」[47]，相當於法國歷史學者費爾南‧布羅代爾所謂的「長時段」[48]。但是，關注地理環境與喪葬之間的關係時不能見物不見人。對於喪葬來說，生者給死者實施哪一種葬式不僅取決於當地是否有石頭、土地、森林以及水流，更重要的是取決於生者的行為，而這些行為無疑受潛意識的指導。換句話說，即便地理環境對葬式形成影響，但它無法從根本上影響葬式，它必須通過人的行為這一中介才得以實現。因此，用生計模式這一概念來取代自然環境對葬式的影響無疑更符合事實本身。所謂生計模式，指的是生活在一個特定自然區域的人群根據其依存的自然條件，採取與這種自然條件相適應的行為去索取生活資料的過程。具體到本研究來說，筆者將從峽谷內各田野點的自然環境出發尋求人們的生計模式，繼而探討與這種生計模式相對應的喪葬文化。

至於政治階級與葬式的聯繫，我們應該超越以往只關注奴隸主與奴隸的葬式區別的研究。事實上，「階級」[49]這一概念帶有你死我活之鬥爭的含義。即便是早期的吐蕃社會存在階級對立，但是對立之間的階級仍然存在相互依靠的關係。這一論點在農民研究專家詹姆斯‧C.斯科特的論述中有清晰的體現：「農民自身對剝削有一種基於其生存倫理上的感受，這是一種關於何謂公正的道德觀念……地主與農民的

---

47 賴建誠：《布羅代爾的史學思想解析》（杭州市：浙江大學出版社，2004年），頁3。

48 法國歷史學家費爾南‧布羅代爾認為，歷史可以分為長時段、中時段與短時段。長時段的歷史指的是長期不變或者變化緩慢，在歷史上經常發生作用的因素，譬如說地理、氣候、生態環境等；中時段的歷史研究對象是周期性的局勢變化；短時段的歷史指的是突發事件。最終主導歷史發展方向的是長時段。（參見〔法〕費爾南‧布羅代爾著，唐家龍、曾培耿等譯：《菲力浦二世時代的地中海和地中海世界》（北京市：商務印書館，1996年）。）

49 《列寧選集》（第2卷）（北京市：人民出版社，1995年），頁426。

關係實際上是一種以保護人—被保護人形式出現的互惠關係。」[50]從
這個角度上說,在吐蕃早期發生的土葬墓中,那些現象就不再是「殘
忍」的,而是基於奴隸認可的「公正」的基礎上發生的,這種葬法對
奴隸階級來說在某種意義上有可能是光榮的。因此,筆者建議使用
「社會結構」這一概念代替階級開展對喪葬文化的研究。所謂社會結
構,即英國社會人類學家拉德克利夫‧布朗所謂的「那些在人群中所
發現的協作方式……一個社會結構,既會在群體之間的相互關係中表
現出來,也會在個人之間的相互關係中表現出來」[51]。簡而言之,它
指的是人與人之間的關係。需要指出的是,鑒於本書研究的是喪葬文
化,因此筆者在借用「社會結構」這一概念時不僅涉及生人與生人之
間的關係,還包括生人與死人、死人與死人之間的關係,而喪葬文化
在某種程度上便是現實社會結構的反映。使用這一概念時還應注意,
社會結構這個概念顯得相對靜態一些,但是地處藏彝走廊西緣的金沙
江峽谷歷史上頻繁發生民族遷徙與軍事衝突,它的社會結構不是一成
不變的,因此筆者擬採用「中間場」這一概念分析其過程。「中間
場」這一概念見於美國人類學家理查‧懷特於一九九一年所出版的
*The Middle Ground : Indians, Empires, and Republics in the Great Lakes
Region*,1650-1815 一書中。這位學者在研究被歐洲人征服以後的印
第安人與歐洲人的關係時發現,更多時候它表現的並不是所謂的征服
與被征服的關係,而總是在某個框架中進行調試。「顯然,太湖流域
已經成為改變兩者關係的『中間場』,它顯示出了一種關係的結

50 詹姆斯‧C. 斯科特著,程立顯、劉建等譯:《農民的道義經濟學:東南亞的反叛與
生存》(上海市:譯林出版社,2001年),頁52-56。

51 〔英〕A. R. 拉德克利夫‧布朗著,潘蛟、王賢海、劉文遠等譯,潘蛟校:《原始社
會的結構和功能》(北京市:中央民族大學出版社,1999年),頁212-215。

構。」[52]在理查‧懷特看來,「中間場」就是使各種事物關係發生改變
的特定空間。誠然,作為民族走廊的金沙江峽谷同樣有「中間場」的
功能。

轉向宗教信仰與喪葬文化的聯繫。毫無疑問,宗教信仰是喪葬文
化的核心,因為它集中體現了人們對死亡的認識——即死亡觀的問
題。就藏族的實際情況而言,我們一定要跳出傳統的刻板印象,不能
認為藏傳佛教傳入以後就全面取代了原始的宗教信仰。宗教信仰作為
一種無形的、隱藏在物質文化之後的不可視的精神文化,是生活在不
同時期的族系所秉持的。從考古學的文化層概念來看,原則上,這些
宗教信仰應該呈現了「老的在下,新的在上」的疊壓關係。但是別忘
了,層與層之間可以呈現打破與共存的關係,也就是說各宗教信仰呈
現的先後順序不代表它們之間是取代關係。因此,筆者提出以「複合
信仰」這一概念取代宗教信仰進行研究,這樣既否定了藏族喪葬受單
一信仰的支配,又能從根本上回答不同的藏傳佛教教派對喪葬的影
響。複合信仰是相對於單一信仰而言的,它並非指多個單一信仰的相
加或者簡單組合,而是指多種信仰經過彼此的調試與整合後形成一種
以某種信仰為主導、將其它信仰「含括」在其之下的一種新型的信
仰。複合信仰時常會體現人們的文化價值觀念,因為一種新的宗教信
仰在植入某個人群的頭腦時總會跟隨這個人群本身所具有的文化價值
觀進行調整以組成新的價值觀,但新的價值觀並不是隨意組成的,它
的排列也會根據一定的等級原則進行。這個原則便是法國人類學家路
易‧杜蒙提出的「階序」,即「一個整體的各個要素依照其與整體的

---

52 Richard White. *The Middle Ground : Indians, Empires, and Republics in the Great Lakes Region*, 1650-1815. Cambridge University Press, 1991.

關係來排列等級所使用的原則」[53]。因此,「階序」與簡單的等級不相同,它是具備「含括」對立面的等級。

我們常常驚歎於自然界五彩繽紛的現象,但是在自然科學看來,自然界的事物只不過是一種外在表現形式而已,真正構成自然物的是化學反應的最小粒子——原子。筆者想強調的是,文化也同樣如此,各式各異的文化現象也同樣存在穩定的文化因素。於是,在建構喪葬文化模式時我們可以借用水的化學分子式。眾所週知,一個水分子是由一個氧原子與兩個氫原子所組成的,筆者在此將地理生態條件、社會結構條件與複合信仰視為喪葬文化模式的最小因素。其中,地理生態條件主要影響喪葬文化中的屍體處理方式,社會結構影響喪葬儀式中生人與死人、生人與生人以及死人與死人之間的關係,而宗教信仰影響的則是人們的死亡觀念。這三種要素結合在一起被視為喪葬文化,而峽谷內各田野點的喪葬文化模式之差異取決於這三個變數的異構。「異構」這個概念是政治學家克拉姆雷用於分析國家形成的辯證法及其結構時所使用的。它指相關要素沒有排位時,或者它們可能按照許多不同的方法排位時彼此之間的關係。[54]本書借用異構這一概念,指地理生態條件、社會結構與宗教信仰依據許多方式進行排列並結合在一起體現一套喪葬文化模式。這裏的喪葬文化模式,指的是影響喪葬文化表現的地理生態、社會結構與複合信仰三要素之間的穩定關係。

在整個論述過程中,筆者將圍繞「死亡」與「重生」這對概念展開。本書研究的是死亡,但不是就死亡本身談死亡,而是討論死亡對

---

53 〔法〕路易・杜蒙,王志明譯:《階序人:卡斯特體系及其衍生現象》(臺北市:遠流出版公司,1992年),頁136。

54 參見〔美〕湯瑪斯・C. 派特森,何國強譯:《馬克思的幽靈——和考古學家會話》(北京市:社會科學文獻出版社,2011年),頁264。

生命的意義。筆者認為，喪葬是生者出於對死者靈魂的依戀與恐懼的雙重心理，在一定信仰觀念的支配下，利用自然環境對死者的屍體進行特殊處理以安頓死者靈魂的行為。對於有血有肉的個體生命來說，死亡是其旅程的終點。但是，從主位的角度出發，生命不僅是有血有肉的客觀存在，還是有靈魂的客觀存在。在肉體旅程結束以後，生命的靈魂還處於不滅狀態。本研究所謂的靈魂是從主位的角度出發，通過當地人對死亡觀念的理解對靈魂做出界定：它指當地人從主觀理解到的一種能夠主導生命再生的客觀存在。與個體死亡以後實現重生的同時，由個體組成的社會結構也在不斷進行重組，這也是一個重生的過程。所以，本書所謂的重生不單指個體生命的再生，同時也意味著社會結構的重組。需要指出的是，不管是個體生命的再生，還是社會結構的重組，本書都將之置於主位對靈魂觀念的理解之下進行討論。

（二）本書的框架安排

本書共由八個部分組成。除了導論，正文由七章組成。

第一章为「『中間場』：流動的歷史」。本章將著重介紹川、青、滇、藏交界區的生態環境、歷史過程、民族遷徙與族群交往。本書討論的是川、青、滇、藏交界區的喪葬文化，但這並不意味這片交界區在歷史上是孤立和靜止的。其實，正如王明柯所指的：「在中國西南邊境的漢、藏之間，或漢與非漢之間，有一個漂移、模糊的族群邊緣。」[55]如同族群邊緣一樣，這個交界地帶隨著政權的更替與族群交往也在不斷地發生變化，我們需要在更大的歷史背景中討論民族的遷徙與交往，以理清金沙江峽谷喪葬文化的源頭。

---

55 王明柯：《羌在漢藏之間——川西羌族的歷史人類學研究》（北京市：中華書局，2008年），頁11。

　　第二章為「文化底層之死：從永生到復活」。由於歷史上的民族遷徙給金沙江峽谷帶來了諸多的喪葬文化因素，並因時間的先後順序形成了文化層，因此本章將對文化層進行剝離，重點討論文化層之底的喪葬文化。從金沙江峽谷民族的歷史形成推斷，這條峽谷先後經歷了巫術與原始宗教信仰時代、苯教信仰時代、藏傳佛教信仰時代和儒教信仰時代。但本章只描述苯教信仰時代之前的喪葬文化，原因在於在佛教傳入峽谷之前，整條峽谷所體現的喪葬文化大體一致。但是佛教傳入以後，其在峽谷各地與苯教的融合度不一樣，它們所創造的喪葬文化也不盡相同。

　　第三章為「天葬文化模式：彌漫著等級的輪迴」。筆者以青海玉樹巴塘鄉為田野點，描述一個高原牧區的喪葬文化。玉樹巴塘鄉位於金沙江峽谷的入口。公元十二世紀始，這裏的老百姓逐漸從苯教信仰的懷抱中走出來，接受藏傳佛教信仰。在這個過程中，藏傳佛教薩迦派、噶舉派與苯教勢力相互角逐。這一場衝突最終以噶舉派的白教信仰「含括」其它信仰落下帷幕，一種新型的複合信仰產生了，它與高海拔的牧業生態和彌漫著等級色彩的社會結構相結合，造就了金沙江峽谷上游特有的天葬文化模式。

　　第四章為「複合葬文化模式：拒斥三惡趣的重生」。本章描述半牧半農區──川藏三岩的喪葬文化。本章意在川、青、滇、藏四省（自治區）各選擇一個調查點進行調查，但是四川的山岩與西藏的三岩無論在地理上還是在歷史上均為一個統一概念──三岩。[56] 如果將兩個調查點分開獨立成章，將會割裂其歷史與文化，因此筆者把兩個

---

56 事實上，金沙江東岸的山岩鄉與金沙江西岸的三岩區本屬一體，只因一九三二年民國政府與西藏噶廈政府簽訂《崗拖和約》時以金沙江為界，江東岸的山岩劃歸四川省白玉縣管理，將西岸的三岩劃歸西藏貢覺縣管理，才出現跨越兩省（自治區）的文化統一體。

點合併成章，這既照顧了三岩的歷史，也符合目前的實際。三岩的社會結構以「帕措」父系社會為基礎，這種社會結構適合藏傳佛教寧瑪派的傳播。歷史上的寧瑪派勢力較小，為了生存，曾經模仿不少苯教的修持，它與苯教發生相容以後，在半牧半農的生態環境下創造了金沙江峽谷中端的複合葬文化模式。

第五章為「土火二次葬文化模式：在孝道中實現轉世」。本章描述一個河谷農業區——雲南羊拉鄉的喪葬文化。雲南羊拉鄉地處金沙江河谷，在行政劃分上屬於雲南省德欽縣。在佛教信仰方面，當地民眾接受的是藏傳佛教格魯派。格魯派是藏傳佛教裏面成立最晚的派別，以佛家正統自居，在傳入滇西北的過程中先後消滅了藏傳佛教噶舉派與原始苯教，成為當地的主流信仰；但在這個過程中，伴隨著中央王朝的權力下移，不可避免地滲入了一些儒學思想，它與農業社會的生態環境相結合，造就了金沙江峽谷的土火二次葬文化模式。

由於第三章、第四章、第五章是本書的核心，因此在篇幅方面略比其它章節長一些。

第六章為「魂歸故里：實現永生的手段」。本章首先比較三個田野點的喪葬文化，找出其共性與差異，並分析這些差異形成的原因；其次從時間和空間上對金沙江峽谷上、中、下三段的喪葬做文化區的劃分，最大限度地從「地方性知識」理解金沙江峽谷的喪葬文化模式。

在第七章，筆者將討論「死亡、個體意識與社會結構」的關係，並做一些結論性的總結，將本書的研究成果放在學術的大視野裏與學術界展開對話。

第一章
「中間場」：流動的歷史

　　按照人類學的行文，本章重點介紹區域背景。然而，在撰寫這一章時，筆者陷入了一種困境：筆者所研究的區域邊界在歷史上隨著朝代的更替一直處於不斷的變動中，這樣的田野地點與傳統上的人類學田野地點不同，它並不是一個穩定的村莊或者一個固定的社區，也自然無法靜態地展示其方方面面；然而，如果不對自己所研究的區域進行背景交代，又容易被讀者誤以為這個區域是一片孤島，使一切觀點陷入「只見樹木，不見森林」的危險。

　　於是，筆者決定從歷史入手，對這條峽谷進行總體性的描述。在這方面，法國歷史學者費爾南・布羅代爾關於「長時段」的史學理論給予了筆者很大的啟發。布羅代爾主張，要正確理解歷史就應該跳出過去只關注歷史事件的研究方法，轉而注重從中時段與長時段入手，尤其要注重對長時段歷史的研究。[1]因此，在寫作這一章的歷史時，筆者試圖打破朝代的概念，從人們的意志不知不覺受其影響和為其左右的經常性力量——地理環境出發，以更廣闊的視野關注歷史長河中的民族在金沙江峽谷的流動，藉以探索峽谷喪葬文化形成的基礎。

1　參見〔法〕費爾南・布羅代爾：《歷史和社會科學：長時段》，見蔡少卿：《再現過去：社會史的理論視野》（杭州市：浙江人民出版社，1988年），頁57。

第一節　地理、生態與文明

一　青藏高原的地理走勢

　　金沙江峽谷是青藏高原向東南延伸的一條線，研究金沙江峽谷的文化，我們必須把視野擴大到更大範圍的青藏高原的地理環境。

　　青藏高原位於東經七十四度至一百〇四度、北緯二十五度至四十度之間，它西起帕米爾高原、東及橫斷山、北界崑崙山、南抵喜馬拉雅山，該地域海拔四千公尺以上，因此被冠以「世界屋脊」的稱號。但是，據地質學家考證，距今一億八千萬年前，這裏卻是一片汪洋大海。由於強烈的地殼運動持續發生，「滄海」演化成「桑田」。在距今約三千萬年前，印度次大陸板塊從赤道附近向北漂移並與歐亞大陸發生強烈的碰撞，導致岩層疊加增厚。在青藏高原形成以後的漫長歲月中，受冰川的重力作用，南面的印度洋板塊持續俯衝，使得北面突起的地層高度趨於明顯，區內丘狀高原面和山頂面向西北方向隆起，導致西突東傾、北高南低的青藏高原最終形成。

　　這時，青藏高原南部橫臥著海拔五千公尺以上的喜馬拉雅山脈，天然阻隔了西藏文明與印度文明的接觸；而北部則聳立著海拔六千公尺的崑崙山脈，同樣阻斷了西藏文明與更北的中亞文明的大規模接觸。然而，青藏高原的東南部卻是一望無際的川西高原和滇西北高原。這種由西向東傾斜並與我國相鄰地區處在同一個地理單元的地形構造，對於吐蕃時期西藏文明的東向發展起到了關鍵性的作用。[2]吐蕃人沿西突東傾、北高南低的青藏高原地理走勢不斷向外擴張，不但奠定了青藏高原的民族格局，同時對中國的政治格局產生了深遠的影響。

2　參見石碩：《西藏文明東向發展史》（成都市：四川人民出版社，1994年），頁18。

　　青藏高原的東面就是金沙江峽谷，假如從更大的地理環境來分析，這條峽谷僅僅是青藏高原向東南端延伸的一條曲線，在自然地理方面具備與青藏高原大致相同的環境，這實際上意味著整條峽谷與青藏高原具備同質的文明。

　　由金沙江峽谷再往東，海拔瞬間下降至一千兩百公尺以下。因此，東面的中原文明與金沙江峽谷並不屬於同一階梯當中。換言之，在很長一段時期內，中原文明是無法深入此地的，因為從中原入藏，越往西海拔越高，僅從人類的自身條件來考慮，首先就過不了生理方面的難關。人類的體質與其生存的環境存在密切的關係，平原地區的人來到高原地區身體容易產生不適應。從中原入藏，到達川藏、滇藏與青藏之界，隨著海拔的升高，紫外線趨於強烈，空氣趨於稀薄，含氧量逐漸降低，平原地區的大多數人到這些高海拔地帶將會快速發生醫學意義上的「高原反應」。古書對這種現象不乏記載，如《漢書‧西域傳》中記載公元前一世紀末杜欽從皮山至縣（懸）度交通狀況就說：「起皮山南，……又歷大頭痛、小頭痛之山，赤土、身熱之阪，令人身熱無色，頭痛嘔吐，驢畜盡然。……二千餘里乃到縣度。」[3]雖然古人可能不清楚這是高原反應，但早就已經注意到了海拔高引起身體不適，甚至連牲畜也不能幸免這一現象，因此將這些山稱為「大頭痛山」和「小頭痛山」，想必「大頭痛山」比「小頭痛山」海拔更高。筆者在田野調查中也體會過這種感受：二〇一二年八月，筆者在玉樹巴塘鄉調查期間，曾經隨當地牧民到山上放牧，攀上海拔四千五百公尺的埡口，就出現了耳鳴、胸悶、氣短的狀況，整個頭像要裂開一樣，只好快速按原路返回，才使身體免於繼續承受這些不適。

　　至於金沙江峽谷自身內部地理走勢也同樣呈現北高南低的格局，

3　〔東漢〕班固：《漢書》，卷96。

這條河流沿深切斷裂層平行發育，兩岸陡峭聳立，每往南流一公里海拔相應下降一公尺，形成了典型的「Ｖ」形深切峽谷。

就峽谷本身的文化來源而言，考察文化傳播的軌跡是至關重要的。拉策爾認為：「一切的民族連同自然民族都有其歷史性，有必要研究他們的遭遇，這些遭遇大部分是遷徙的結果。民族及文化在遷徙時互相接觸、互相影響；其相互影響的程度，往往出乎我們的意料。」[4]如果深入峽谷內部去考察，我們完全可以相信這一條峽谷自古以來就是天然的民族通道，這條通道在歷史上一直扮演著民族交往與文化融合的重要角色，不斷發生的民族遷徙與流動，導致了文化傳播和移動。確實，峽谷內文化的傳播出人意料。筆者在雲南德欽縣的羊拉鄉進行田野調查的時候，就聽許多人說他們的祖先是從青海徒步而來的。這種說法在今天可能令人難以想像，但他們的說法並非毫無根據。據《青海省‧文物志》記載：「卡則遺址中的紅色陶器與四川西部地區青銅時代的陶器近似，黑色雙耳陶壺類似卡約文化晚期的雙大耳罐，與四川西部及雲南西南部青銅時代同類器物的差別也不大。」[5]而《雲南省志‧文物志》對滇西北青銅文化的分析也認為：「滇西北地方的青銅文化，同我國川、甘、青的青銅文化，既有聯繫又有區別，都是戰國至秦漢之際的墓葬，屬於同一系統。」[6]這表明，在遠古時期，該地區的人群與雲南西北部的人群的確已經有了某種聯繫。因此，理解這些文化傳播與移動的途徑與方向是極其重要的，其中一個決定性的因素就是水流。考古學家張光直認為：「考古

4　轉引自《雲五社會科學大辭典（第十冊）人類學》（臺北市：臺灣商務印書館，1971年），頁37。

5　青海省地方志編纂委員會：《青海省志（六十九）文物志》（西寧市：青海人民出版社，2001年），頁59。

6　雲南省地方志編纂委員會：《雲南省志‧文物志》（昆明市：雲南人民出版社，2004年），頁97。

遺址總是沿河岸分佈，亦在於跨地區的聯繫，常被清晰地沿河流的方向而探尋出。」[7]人類早期沿江河遷徙是因為在茫茫山區或者草原裏，江河是辨別方向的主要途徑之一，並且在遷徙的過程中能夠很好地解決人與牲畜必要的飲水問題。換句話說，金沙江由北往南流而不是由南往北流，這在客觀上便影響了這條峽谷的民族遷徙，導致歷史上的民族由北往南遷，而不是由南往北遷。

綜上所述，如果我們把位於青藏高原東緣的金沙江峽谷當作青藏高原向東延伸的終極目標，那麼這種西突東傾、北高南低的地理走向從根本上決定了金沙江峽谷文明的形成方式。即在日後的歷史發展過程中，這條峽谷主要接受來自其北部及西部的文明，而不是接受（或者很少接受）來自其東部或者南部的文明。

二 金沙江峽谷的文明起源

金沙江峽谷大約位於東經九十七度五十分至九十八度十五分與北緯二十八度三十分至三十三度二十五分之間，是藏彝走廊的西緣。峽谷所在的地理位置在行政劃分上涉及今天四個省（自治區）的十一個縣，分別是青海省玉樹縣，四川省的石渠縣、德格縣、白玉縣、巴塘縣、鄉城縣、得榮縣，西藏自治區的江達縣、貢覺縣、芒康縣和雲南省的德欽縣，面積約五萬平方公里，人口約二十五萬。

歷史上最早關於金沙江的文獻是戰國時代的〈禹貢〉，其時將之稱為黑水；繼而又有繩水與瀘水之說；唐以後，「金沙江」這一說法正式出現。明末清初歷史地理學家顧祖禹在《讀史方輿紀要》中指出：「其江夾岸皆石，江中沙土黃色，故名。」

---

7 〔美〕張光直著，印群譯：《古代中國考古學》（瀋陽市：遼寧教育出版社，2002年），頁440。

　　顧祖禹所言不虛，金沙江峽谷的確盛產黃泥。由於受古冰川的侵蝕，峽谷內的土壤層已經十分脆弱，山崩、滑坡和泥石流頻頻發生。筆者在雲南羊拉鄉調查期間，當地的宣傳材料就寫道：「一九六九年六月二十九日，羊拉鄉茂頂村格亞頂村民小組北面支斯山山體崩塌，塌方約六百萬立方公尺，堵塞金沙江水十四個小時，驚動黨中央國務院領導。」[8]類似的堵流事件在歷史上也屢見不鮮：一八八〇年巧家縣石膏地垮山，崩塌體堵塞金沙江造成斷流；一九三五年會理縣魯車山崩，金沙江中形成高五十公尺的堤壩，江水斷流三日，可涉足而過；一九六五年祿勸縣普福山崩，崩塌體達四點五億立方公尺。金沙江兩岸滑坡更為普遍，據統計，巧家縣大於三十萬立方公尺的滑坡體有五十二處，老河口至巧家六十公里河段內有四十多條泥石流溝。[9]毫無疑問，生態之脆弱、生存環境之惡劣已經成為今日金沙江峽谷一帶最顯著的特點之一。

　　然而，史前時代的金沙江，甚至整個青藏高原的自然生態環境與今天的情況有很大的差別。西藏科學考察隊曾在一九六六年和一九六八年兩次對位於珠穆朗瑪峰附近的古植物學進行研究，證明該地區氣候從上新世晚期以來，總的趨向是由溫暖濕潤變為寒冷乾燥，植被則由亞熱帶森林變為草甸。[10]這說明上新世晚期以前，由於受印度洋暖流的影響，整個地區水草豐美、植物繁茂、動物成群。考古學者童恩正就此推論這一帶有可能是人類起源的搖籃：

　　　　在一千萬年以前，喜馬拉雅山高度不大，氣候屏障作用不顯，

8　雲南省德欽縣羊拉鄉政府對外宣傳材料。

9　引自互聯網百度百科（http://baike. baidu. com/view/24233. htm）。

10　參見徐仁〈珠穆朗瑪峰地區第四紀古植物學的研究〉，見《珠穆朗瑪峰地區科學考察報告：第四紀地質》（北京市：科學出版社，1976年）。

所以南北坡都受到印度洋暖濕季候風的滋潤，遍佈茂盛的亞熱帶常綠闊葉林，成為森林古猿及其以後的臘瑪古猿理想的生息之所。[11]

民族學者任乃強認為，史前的青藏高原遍佈黃金，天然成為古人捕獵的工具。另外，那裏還盛產大量的鹽，古人類偶而吃了加入鹽的食物以後感覺味道更鮮美，於是開始在那裏棲息繁衍。[12]

如果任乃強的推論屬實，那麼，金沙江峽谷無疑是首當其選的。首先，就黃金來說，比起在其它地方，金沙江峽谷更容易獲得，事實上，「金沙江」也因其盛產黃金而聞名。《新唐書‧党項傳》載：「多彌……號難磨，濱犁牛河，土多黃金。」多彌在通天河一帶，正是今天的玉樹地區。至於鹽，中國科學院青藏高原綜合科學考察隊的一份調查報告指出：「藏北……以鹽湖為主，約占區內湖泊總數的百分之七十。大多數是鹵水鹽湖，有的湖水礦化度高達三百克／升以上。」[13]值得一提的是，目前金沙江峽谷發現的珍貴自然藥材有兩百多種，包括抗風濕的小秦艽、麻花艽、塊根老鸛草、青藏龍牛兒苗、貫眾、蕁麻、羌活、骨碎補、蘭花飛燕草、白蘭翠雀、美麗毛茛、密花角蒿、叢生角蒿、大花角蒿、山野豌豆以及驅蟲的鶴虱、狼毒、供蒿、臭蒿、大籽蒿等。[14]毫無疑問，這些中藥材大面積生長於峽谷內，它們療效好，為早期人類在峽谷內的生活生產提供了有力的保障。在一九六五年，我國考古工作者在雲南省北部、金沙江的支流龍川流域海

---

11 童恩正：《南方文明》（重慶市：重慶出版社，1998年），頁8。

12 參見任乃強：《羌族源流探索》（重慶市：重慶出版社，1984年），頁12-15。

13 中國科學院青藏高原綜合科學考察隊：《西藏河流與湖泊》（北京市：科學出版社，1984年），頁120。

14 參見《稱多縣志》電子版。

拔一千一百公尺的盆地上發現了生活在距今一百七十萬年前的元謀人。[15]一些考古成果顯示，雲南元謀人的建築具備川藏地區藏族民房的雛形。[16]因此，金沙江峽谷具有悠久的史前文明，這是毋庸置疑的。

進入新石器時代以後，青藏高原東部的考古成果日益豐富起來，其中位於西藏昌都地區瀾滄江和卡若河交匯處出土的卡若遺址[17]取得了舉世矚目的成就。石碩認為，卡若文化是在繼承西藏土著文化的基礎上大量吸收來自西北氐羌文化而形成的，除此之外，卡若文化還極有可能含有北方草原游牧文化的因素。[18]值得注意的是，與卡若遺址有類似因素的文化遺址也一度出現在四川雅礱江流域、大渡河流域。[19]從橫向上看，如果曲貢文化沿西藏東北傳送到瀾滄江，再從瀾滄江到達雅礱江，那麼不可能不經過夾在瀾滄江和雅礱江之間的金沙江；從縱向上看，如果西北的氐羌系統和北方草原的游牧文化到達瀾滄江和雅礱江，則必然是沿橫斷山脈江河行走。「他們進入橫斷山脈以後，一部分沿瀾滄江和怒江而上，入藏東河谷，逐漸與當地從事狩獵和原始農耕的土著居民融合，其它的大部分散居在橫斷山脈地區，成為當地的土著。」[20]

因此，史前的金沙江峽谷並非是一片荒無人煙的地方，與橫斷山脈的眾多南北走向的江河峽谷一樣，早在史前時代，就有來自西面的

---

15 參見李普：〈用古地磁方法對元謀人化石年代的初步研究〉，《中國科學》1976年第6期。

16 參見格勒：《甘孜藏族自治州史話》（成都市：四川民族出版社，1984年），頁13。

17 參見童恩正、冷建：〈西藏昌都卡若新石器時代遺址的發掘及其相關問題〉，《民族研究》1983年第1期。

18 參見石碩：《西藏文明東向發展史》（成都市：四川人民出版社，1994年），頁22-37。

19 參見童恩正、冷建：〈西藏昌都卡若新石器時代遺址的發掘及其相關問題〉，《民族研究》1983年第1期。

20 石碩：《西藏文明東向發展史》（成都市：四川人民出版社，1994年），頁30。

西藏高原土著、來自西北的氐羌系統與來自北方草原的游牧群體在這裏生活。毫無疑問，這些人群在湧入金沙江峽谷的同時，也帶進來他們自身獨特的文化。

第二節 歷史、民族與人文

一 歷史過程與民族遷徙

進入文字時代以後，歷史對活動在金沙江峽谷一帶的民族的記錄逐漸多了起來。這些民族雖然成分複雜，但是總的來說分為三大族系，他們分別是以白狼、磨些為代表的西北氐羌族系，以鮮卑、蒙古為代表的北方草原游牧族系以及以雅隆人為代表的土著族系。這三大族系在歷史的進程中如金沙江的河水一般，一波又一波湧入峽谷。

（一）西北氐羌族系

1 白狼南遷

大約在相當於我國中原地區的春秋時代，金沙江峽谷大面積出現了一種被稱為「石棺葬」的文化。石棺葬，又稱石棺墓、石板墓，是一種古老的埋葬習俗。其特點主要表現為：墓室是長方形的，埋葬屍體時墳底無任何裝飾，但墳墓土坑的四周用大小不等的石塊堆砌圍起，墳頂蓋以大石板封頂，死者葬於墓室之中，並有大小不等的陪葬品（比如石器、陶器等），有的石棺葬在地面不留任何標記，有的在上面加封土包。雖然石棺葬在我國各地區普遍存在，但是青藏高原藏彝走廊地區的石棺葬文化具備明顯的地域特徵：在各地石棺葬隨葬器物中，皆以大雙耳罐、單耳罐、小平底罐等陶器為其最具代表性的典

型器物[21]，其時間年代為「春秋戰國一直到兩漢晚期」[22]。由於彩陶，特別是雙耳罐陶器文化被學術界普遍認為是起源於甘青地區氐羌系統的原始文化，因而學術界將此視為「自春秋戰國時代開始，居住在我國西北地方的氐羌民族從黃河上游南下，進入青藏高原」[23]。的直接證據。這些氐羌民族還沿金沙江一路南遷，直達雲南西北部。目前，考古學界沿金沙江由北至南在四川德格萊格與白玉縣城、巴塘紮金頂[24]、西藏貢覺縣城北[25]、雲南德欽的奔子欄[26]等地發現類似的石棺葬便是最充足的證明。

「白狼」，在唐代以後的文獻記為「白蘭」[27]，結合歷史文獻對金沙江峽谷的記錄，留下這批石棺葬的人群無疑就是「白狼」。任乃強指出，「他們的主要根據地在今天四川的石渠縣；後來，他們又往南遷徙到白玉和巴塘等地」[28]。《新唐書・党項傳》記載「白蘭羌……勝兵萬人」，以游牧民族軍民一比五的比例計算，白狼人口在五萬左右。

2 磨些北擴

從族源上看，磨些人也是古羌人的一支。早在漢代，他們的祖先就自西北沿金沙江一路南行，來到了麗江一帶與當地土著融合。公元

---

21 參見石碩《藏彝走廊地區石棺葬所屬人群探討》，載《康定民族師範高等專科學校學報》2005年第1期。

22 童恩正：〈近年來中國西南民族地區戰國秦漢時代的考古發現及其研究〉，《考古學報》1980年第4期。

23 同上。

24 參見陳衛東：〈2005年度康巴地區考古調查簡報〉，《四川文物》2005年第6期。

25 參見郭周虎：〈西藏貢覺縣發現的石板墓〉，《文博》1992年6月。

26 參見〈德欽縣境內發現石棺墓〉，《迪慶日報》2011年12月27日第2版。

27 參見周偉洲：《唐代吐蕃與近代西藏史論稿》（北京市：中國藏學出版社，2006年），頁33。

28 〔清〕任乃強：《四川上古史新探》（成都市：四川人民出版社，1986年），頁28-30。

一三八二年，明朝皇帝領兵徵雲南，磨些酋長阿甲阿德響明朝表忠，被朱元璋賜「木」姓，成為雄踞一方的木氏土司。明朝平定雲南以後，為了穩住北面的蒙古和西面的吐蕃，決定採用「以夷防夷」的策略，支持麗江的木氏土司攻打吐蕃，正中木氏擴張勢力的意圖。一四四二年，木氏兵犯康區。據清人餘慶遠的《維西見聞錄》載：「木氏以巨碓曳以擊碉，碉悉崩，遂取個要地……自奔子欄以北皆降。於是，自維西及中甸、巴塘、理塘，木氏皆有之。」[29]木氏佔領滇西北與康南的廣大地區以後，開始大量向這些地方移民屯墾，木氏到底向滇西北和康南帶去多少移民？據一九五四年的民族識別調查，有五千戶以上，[30]如果按每戶五人計算，那麼人數應在兩萬五千人以上。

（二）北方草原游牧族系

1 鮮卑內遷

鮮卑屬東胡支系，世居於幽都之北。西晉永嘉年間（三〇七至三一二年），鮮卑族慕容氏首領涉歸去世，他的次子吐谷渾率「戶七百……遂西附陰山，後假道上隴」[31]。如果按平均每戶五人來計算，這批西遷的鮮卑族人口應為三千五百人左右。「遂西附陰山，後假道上隴」表明這批鮮卑人早先活動的範圍是甘肅臨夏一帶。此後，吐谷渾不斷向四周擴展，先後控制了青海與甘肅的南部以及四川西北部。到了東晉咸和五年（三三〇年），吐谷渾的孫子吐延建立了政權，建國號為「吐谷渾」，「其界東至疊川（甘肅迭布）、西鄰于闐（今新疆

---

29 〔清〕餘慶遠：〈維西見聞錄〉，於希賢、沙露茵《雲南古代遊記選》（昆明市：雲南人民出版社，1988年），頁123。（又，《維西見聞錄》也稱《維西見聞紀》。）

30 參見格勒：《甘孜藏族自治州史話》（成都市：四川民族出版社，1984年），頁114。

31 〔唐〕李延壽：《北史》（北京市：中華書局，1974年），卷96。

於田）、北接高昌（今新疆吐魯番）、南界昂城、龍固（今四川阿壩、松潘），其地域號稱東西三千里，南北千餘里」。[32]公元三二九年，吐延為昂城（今四川省阿壩境）羌酋姜聰所刺，臨終時囑咐子孫「速保白蘭」。由此可見，吐谷渾曾一度佔領白蘭。換言之，他們一度到達過金沙江峽谷。

2 蒙古南征

隋唐以後，大大小小的封建勢力割據一方，客觀上阻隔了西南與北方草原游牧民族的聯繫，但這種局面很快在十三世紀初發生改變。成吉思汗在一二四五年「取道蕃部、徑取南詔」[33]；緊接著，忽必烈於一二五三年南征大理。明朝正德九年（1514），蒙古人南下青海直取烏斯藏。萬曆元年（1573），土默特蒙古首領俺答率軍沿金沙江南下攻打理塘。明朝末年，固始汗率領衛拉特蒙古四部之一的蒙古和碩特部襲擊白利土司，奪取多康六崗。一六六四年，和碩特部以武力手段支持藏傳佛教格魯派勢力南擴，並為此掃除了滇西北阻礙格魯派南下的木氏土司勢力，佔據整個康區。[34]

在蒙古軍隊裏面，除了蒙古人以外，也有大量的撒裏畏兀人和契丹人。蒙古軍隊每佔領一個地方，就會派出數量相當多的蒙古族人出任各級地方官吏，在南征的時候，隨軍征戰的許多蒙古將士皆長期留守一地，有的甚至與異族通婚，在當地落籍，逐漸被同化。[35]因此，

---

32 同上。

33 李曾伯：〈可齋雜稿．帥廣條陳五事奏〉，見《景印文淵閣四庫全書》第1197 冊（臺北市：臺灣商務印書館，1983年），頁361。

34 參見趙心愚：〈和碩特部南征康區及其對川滇邊藏區的影響〉，《雲南民族學院學報》2002年第3期。

35 參見李宗放：〈明代四川蒙古族歷史和演變略論〉，《西南民族大學學報》2004年第4期。

蒙古南征的過程也給金沙江峽谷帶來了北方草原游牧民族的文化。

（三）土著族系：吐蕃東進

　　據考古學對在西藏山南地區雅隆河谷一帶出土的曲貢文化的研究成果表明，這一帶生活的雅隆人是西藏高原的土著。[36]七世紀以後，雅隆部落在首領松贊干布的帶領下先後兼併其東北面的蘇毗以及北面羊同[37]，在此基礎上建立吐蕃政權。公元六五六年，吐蕃政權消滅白蘭，全面取得對金沙江峽谷的統治權。

　　吐蕃「出師必發豪家，皆以奴從，平居散處耕牧。及恐熱亂，無所歸，共相嘯合數千人，以嗢末自號」[38]。因此，吐蕃東進的過程就是向金沙江峽谷移民的過程。據《吐蕃大事紀年》記載，公元六五四年至六五五年，吐蕃軍事大臣祿東贊完成並實施了「大料兵」，即「國家」總動員法，因此，吐蕃勢力推及金沙江一帶的時候至少包含雅隆人、蘇毗和羊同人。《新唐書·西域傳》記載「蘇毗……有戶三萬」，《唐會要》記載「羊同……勝兵八九萬」（換成戶應為六萬戶），吐蕃軍事大臣祿東贊制定的大料兵的制度是「率三戶出一卒」。據此，至少六萬蘇毗人、兩萬羊同人隨徵至金沙江峽谷。

　　可以肯定的是，在南遷的西北氐羌民族、北方草原游牧民族與東擴的吐蕃土著民族三大系統裏面，遷往金沙江峽谷人數最多的就是吐蕃。因此，七世紀以後，金沙江峽谷的民族格局發生了重大變化：各部落全面實現「蕃化」，這一格局一直持續至今。

---

36 參見石碩：《西藏文明東向發展史》（成都市：四川人民出版社，1994年），頁24-25。

37 參見周偉洲：《唐代吐蕃與近代西藏史論稿》（北京市：中國藏學出版社，2006年），頁11。

38 〔後晉〕劉昫：《舊唐書》（北京市：中華書局，1975年），卷196。

二 峽谷內外的交通要道

文化傳播軌道與交通要道密切相關，因為文化是沒有腳的，承載著文化傳播的必定是人類的遷徙，而人類遷徙必然與交通要道息息相關。因此，討論金沙江峽谷的文化傳播之前應搞清楚這條峽谷的交通要道。

由於水流是維持生物生存最重要的資源，因此早期人類沿江河遷徙，長達八百公里的金沙江峽谷便是民族遷徙的縱向通道，這種流動事實上正無意識地受到地理環境的左右。

除了縱向的通道以外，金沙江峽谷還存在許許多多的橫向通道——兩岸山峰之間那些大大小小數不清的雪山埡口。那些雪山埡口是連接峽谷內外的重要交通樞紐，而這些交通樞紐在更大範圍內與金沙江峽谷的上、中、下三大通道相互連接，構成一個龐大的交通網，使文化交流與傳播成為可能。

首先，我們來看峽谷北面最重要的一條通道——唐蕃古道。這條古道大體相當於今天二一四國道的北線，其起點是唐朝都城長安（今西安），經青海的西寧後沿花石峽翻過巴顏喀拉山向南折入玉樹，然後取道唐古喇山口南入昌都，直通拉薩。明清以前，這條古道是民族之間進行貿易的重要交通要道。據史料記載，吐蕃與唐朝的民間絲綢貿易興旺，其中不少喀什米爾商人便穿梭於唐蕃古道做絲綢的轉口貿易，而波斯人、尼泊爾人、拉達克人也通過這條道路與吐蕃、中原進行以胭脂紅為主的各種染料物品的貿易。[39]此外，突厥人專程為玉石行走於唐蕃古道上。[40]而天竺人為了鹽同樣頻繁出現在這條古道上。

---

39 參見陳英慶、高淑芬《西藏通史》（鄭州市：中州古籍出版社，2002年），頁101。
40 參見達倉宗巴·班覺桑布著，陳英慶譯：《漢藏史集》（拉薩市：西藏人民出版社，1986年），頁205。

《隋書・女國傳》曰「女國，在嶺之南……尤多鹽，恒將鹽向天竺興販，其利數倍」即是明證。

除了北面的唐蕃古道以外，川西也存在兩條通往吐蕃的交通要道，即和川路與靈關路。《太平寰宇記》對這兩條路進行以下描述：「和川路在（嚴道）縣（雅安）界，西去吐蕃大渡河五日程。從大渡河西至吐蕃松城四日程，羌蠻混雜，連山接野，鳥路沿空，不知里數。」[41]從史料對和川路的描述來看，這條路大致相當於今天的三一七國道。至於靈關路，《太平寰宇記》載：「靈關路在（蘆山）縣界，去蕃八日程。從界去吐蕃野城三日程。其險也，以繩為橋，其外不知里數。」[42]從地圖上看，這條路大致相當於後來茶馬古道的南線，也就是今天的三一八國道。其具體行程為雅安—康定—理塘—巴塘—芒康經左貢抵昌都再轉入衛藏。當然，這條路在康定也可以往北走道孚—德格—石渠然後進入青海玉樹巴塘鄉，再往西北到結古鎮，轉道南下昌都，進入衛藏。川藏古道最重要的貿易商品是麝香，由於這種物品多出產於四川黎州洪源郡、茂州通化郡、冀州臨冀郡、松州交川郡等地，因此商人多取道川藏將商品販賣到吐蕃。[43]宋代以後，川藏道又成為茶馬古道的主乾道，四川雅安地區生產的茶葉源源不斷地由此道運抵吐蕃，明清達到巔峰。清代以後，川藏道南線成為主要的官道，承擔著中央王朝與地方進行政治互動的使命。

至於滇西北通往吐蕃的道路，大體相當於今天的二一四國道南線。歷史上，吐蕃與南昭政權的戰爭與貿易基本都沿著這條線進行，其中奔子欄或者德欽是必經之路。滇藏線是吐蕃與南詔、大理政權進

---

41 〔北宋〕樂史：《太平寰宇記》（北京市：文海出版社，1979年），卷77。

42 同上。

43 參見張雲：《唐代吐蕃史與西北民族史研究》（北京市：中國藏學出版社，2002年），頁152-153。

行經濟、軍事等互動的重要交通樞紐,同時也是後來茶馬古道南部的主要交通要道。《蠻書》卷二說:「大羊多從西羌、鐵橋接吐蕃界,三千二千口將來貿易。」此處的鐵橋,即今天雲南的麗江塔城地區,可見當時貿易的規模之大。民國以後,「雲南對康藏一帶的貿易……三分之二以上都往康藏一帶銷售,普思延邊的產茶區域,常見康藏及中甸阿墩子的商人,往來如織,每年的貿易總額不下數百萬元之巨」[44]。在此過程中,「西藏向內地輸出沙金、鑽石、珍珠、珊瑚、少量麝香、羊毛製品、羊絨、孟加拉水獺皮,內地向西藏輸出金、銀線所織錦緞、普通絲綢、黑茶、煙草、銀條、朱砂、水銀、瓷器、喇叭與鈴鈸等樂器、皮類和乾果等」[45]。當時,在茶馬古道行走的商人不僅局限於藏族與漢族,還包括大批的白族、納西族等。例如,筆者在德欽的羊拉鄉進行田野調查期間,多次聽藏族群眾說起木天王到西藏尋找母親,順便給大家送茶葉的故事。

　　從以上的描述可知,眾多交通要道相互連接,連成了一個龐大的網路,它使川、青、滇、藏交界區變得四通八達,將西藏東部、滇西北、青海東南與川西部緊緊連成了一片。歸納以上這些交通路線,我們大體上可以找出幾個重要的中轉站:青海玉樹的結古鎮——唐蕃古道或者是西山路的第二走法皆經過此地;雲南的德欽與奔子欄——只要由滇入藏,不管走哪條線都必須經過德欽或奔子欄;西藏方面最重要的中轉站是昌都,無論是從青海、四川還是從雲南入藏,都必須經過昌都。中轉站不僅是貿易的中轉站,同時還承擔著文化傳播的功能。換言之,只要清楚本書所調查的三個田野點與這些中轉站之間的

44　王圖瑞:〈雲南西北邊地狀況紀略〉,《雲南邊地問題研究》(桂林市:雲南省立昆華民眾教育館,1933年),頁25。

45　〔英〕毋耳・特納:《西藏紮什倫布寺訪問記》(拉薩市:西藏人民出版社,2004年),頁268。

聯繫，就自然清楚其文化接觸與傳播的途徑。然而，需要指出的是，這些交通要道對每個田野點的影響程度是不同的。

玉樹巴塘鄉西臨結古鎮，而且結古鎮對它影響巨大。據說，文成公主當年進藏期間，停留在玉樹結古鎮的時間最長，她在這裏將紡織和針線技術傳給當地的藏族群眾。巴塘鄉目前就流傳著許多關於文成公主的傳說，其中距離巴塘鄉二十五公里處的貝納溝就建有著名的文成公主廟，裏面供奉著文成公主的銅像，一年四季香火不斷。再看三岩，它的地理位置在四川的白玉縣和西藏的貢覺縣之間，雖然從地圖上看，三一七國道與三一八國道對四川省的白玉縣與西藏的貢覺縣形成一個橢圓形的包圍圈，不過這些通道對被大山阻隔的三岩來說影響有限。至於羊拉，它與外界聯繫的交通要道主要是向南走到奔子欄，約四小時的車程，再從奔子欄向西進入德欽或向東進入香格裏拉。所以，奔子欄文化對羊拉的影響是巨大的。

交通要道與商業貿易相伴相生，而商業貿易與文化交流如影相隨。在商貿過程中，來自五湖四海的各民族互通有無，相互學習，相互交流，使得毗鄰地區的文化因「中間場」作用引發變遷，朝多元方向邁進。具體到金沙江峽谷而言，四通八達的交通網絡使作為貿易中轉站的金沙江峽谷滲透了印度文化、波斯文化、突厥文化以及漢文化因素，它們在一定程度上使這條峽谷的藏文化呈現了多元色彩。

第三節　金沙江峽谷的喪葬文化叢

長達八百公里的金沙江峽谷，群峰聳立、河流交錯。據不完全統計，這裏至少出現過十四種喪葬類型，如岩洞葬、居室葬、甕棺葬、石棺葬、火葬、土葬、水土葬、地架葬、樹葬、天葬、地葬、塔葬、水葬與複合葬等，幾乎囊括了青藏高原地區的所有葬式。

毫無疑問，金沙江峽谷喪葬文化的形成與歷史上各民族的活動是分不開的。可以認為，這些喪葬文化事實上就是民族遷徙所造成的文化堆積之表現。在史前時代，三大族系的族群從西北、北方與東面向峽谷彙聚。進入文字時代以後，這三大族系發生分化，演變為以白狼、磨些為代表的西北氐羌系統，以鮮卑、蒙古為代表的北方游牧民族系統和以雅隆為代表的土著民族系統。他們都為峽谷帶來了式樣各異的喪葬文化。值得注意的是，三大族群系統的文化各異，時空的跨度也很大，因此同一系統的民族文化也未必相同。比如，白狼人與磨些人，前者是漢代的一個民族，後者則是明代的一個民族，雖然他們都來源於古羌人，但是明代的磨些人所實行的喪葬與漢代的白狼人所實行的喪葬是不一樣的。從歷史的發展過程來說，峽谷內的各種葬式一直為峽谷內外的民族共同使用，然而隨著商品化、現代化思想的湧入，它們對這些地方的喪葬文化造成了巨大的衝擊。在峽谷外部，新喪葬習俗的到來，很快就把原本的喪葬習俗掩蓋。但是，峽谷內畢竟地理環境閉塞，對外文化的衝擊形成了一定的抵抗，就算新的葬俗傳入，也不是大規模地傳入，表層的葬俗是無法迅速覆蓋底層的葬俗的。不僅如此，表層的葬俗與底層的葬俗還通過「中間場」的作用發生結合，疊壓的文化層之間就呈現了打破與共存的現象，造就了青藏高原東部獨特的民族學景觀。

誠然，要很好地理解這種奇觀，可以從其外在和內在表現形式兩方面進行考察。

一 喪葬文化叢的外在表現

喪葬文化叢的外在表現形式主要體現在人們用何種手段處理屍體，它與峽谷的生態環境密切相關。

　　峽谷記憶體在大量的石英岩，這些岩石大多形成於第三紀火山迸發時期，久經地熱作用而迸發出來的石塊表面光滑、質地堅硬，目前仍然是峽谷內的人們建房的理想材料。因此，這些石塊是早期峽谷內的石棺葬、岩洞葬得以產生的物質基礎。在峽谷的下游——川、滇、藏交界地帶，有大量的夾沙泥土分佈於金沙江兩岸，這些泥土是製作陶甕的上好原料。那裏原始的製陶技術還一直保留至今，從根本上決定了甕棺葬在峽谷下游比上游普遍。火葬離不開大量的森林與木材，在這方面峽谷各地的情況不同。總的來說，峽谷上游的高原牧區沒有原始森林，缺乏充足的燃料，人們在日常生活中主要使用牛糞作燃料，這決定了火葬不流行；但是，在金沙江峽谷的中游卻有大片的原始森林，木材取之不盡、用之不竭，這些木材不僅能夠完全滿足人們日常生火、建房之用，還在某種程度上為火葬在民間的流行奠定了較強的基礎。同時，大量樹林的成長也是當地樹葬形成的基本條件。水葬首先要有水，長達八百公里的金沙江有眾多數不清的支流，為整條峽谷的水葬文化成為特色提供了必要的物質基礎。土葬在整條峽谷都是處理屍體的一種傳統方式，在考慮這種喪葬方式的物質基礎時應該從歷史氣候方面著手。不過，需要注意的是，氣候也一直處於變動之中，不同歷史時期的氣候不同，導致土葬的流行程度不同。天葬是藏族群眾實行的一種獨特的喪葬形式，從地理環境上看，整條金沙江峽谷都有足夠的海拔高度讓天葬流行。比如，玉樹的巴塘鄉平均海拔四千九百公尺，金沙江的中游平均海拔 三千九百公尺、下游平均海拔三千一百公尺，這種高度足以為禿鷲的生存提供必要的基礎，而禿鷲正是天葬中不可缺少的助手。在高原牧區，狼狗等食肉動物的大量繁衍也是地葬在歷史上存在的基礎，因為它們是地葬必不可少的幫手。

　　但我們還需要注意到，歷史在前進，峽谷各地的自然環境也在變化，譬如一些地區在幾個世紀以前可能有眾多河流，但是隨著時間的

推移和自然氣候的改變，河流可能會乾涸，水葬也可能因此消失。這意味著峽谷內的每種葬式不是一成不變的，這是在研究過程中必須考慮到的問題。

二　喪葬文化叢的內在表現

除了外在的表現形式以外，喪葬文化叢還有內在的表現形式。由於支撐喪葬文化的核心是死亡觀，這提醒我們要注意各宗教信仰關於死亡的說法，這便是喪葬文化叢內在的表現形式。譬如，在史前時代，人類的宗教信仰觀念產生之前，有一個人鬼共居到人鬼分離的過程，這些死亡觀還滲透到居室葬、甕棺葬當中。進入文字時代以後，從在金沙江峽谷活動的民族來看，白狼、鮮卑等民族信仰的主要是原始薩滿教，這是峽谷內石棺葬、火葬、樹葬得以產生的根源。至於吐蕃人，他們最早信仰的是苯教，苯教支持土葬，使土葬在峽谷內經久不衰，甚至一度成為峽谷內等級最高的喪葬方式。當然，混合了巫術的苯教也不排斥原始薩滿時代產生的那些葬式。後來，佛教興起，快速被吐蕃人、磨些人、蒙古人接受，使塔葬、天葬、水葬、火葬等佛教所宣導的葬式在峽谷內流行起來。

（1）岩洞葬。岩洞葬主要分佈於金沙江峽谷局部地區，葬式規模不大。一般僅針對夭折的孩子，在下葬的時候以毛毯裹屍，將其放入一個比較隱蔽的岩洞裏面。岩洞葬有可能是早期居民居住環境的反映。雖然目前考古學的證據還不足以支持史前時代的人們普遍住在岩洞中的假說，但是部分人曾在那些地方居住過是毫無疑問的。據藏文《賢者喜宴》記載，在小邦時代，西藏地區的人們就「惟依堅硬岩石而居」。在金沙江三岩以南一百五十公里、西藏昌都出土的卡若遺址的建築中，早晚期的人們就分別以半地穴窖藏和石頭砌成的房屋為

住居。[46]

（2）居室葬。居室葬自北而南沿著金沙江峽谷兩岸分佈，是一種比較特殊的喪葬類型。主要針對的對象是超過八十歲的老年人。這種將死去的人掩埋在家中的做法無疑是史前時代喪葬的一大特徵，是人們在觀念上秉承人鬼同居思想的體現。

（3）甕棺葬。甕棺葬布滿整條金沙江峽谷。峽谷內大部分的甕棺葬僅針對夭折的 3 歲以下的孩子，所在的位置都是被人們視為「不乾淨」的地方；數年後，人們還要把它們移出。這種現象表明了峽谷內的老百姓在觀念上經歷過一個從人鬼同居到人鬼分離的過程。

（4）石棺葬。石棺葬布滿整條金沙江峽谷，棺內一般有隨葬品。遺留的骨架顯示，死者下葬時仰身直立，與今天峽谷內老百姓所採用的屈肢蹲坐方式存在明顯的區別。很明顯，這是歷史遺留下來的喪葬方式。在金沙江中游的三岩，大多數老百姓認為石棺葬是漢族人的墳墓，在金沙江的下游羊拉，當地老百姓卻說石棺葬是納西族的墳墓。峽谷內所有老百姓都認為石棺葬不是他們祖先的葬式。這種情況表明，在當地老百姓的記憶中，峽谷內曾經有異族大舉遷入。

（5）樹葬。樹葬分佈在金沙江峽谷的局部地區，既有針對孩子的樹葬，也有針對成年人的樹葬。歷史上的金沙江峽谷還存在與樹葬類似的一種喪葬方式——地架葬。地架葬在葬死者時棺材不觸地，放在用幾根木頭搭起來的架子上。樹葬的整個下葬程序與婦女的生育象徵緊緊聯繫在一起，顯示當地人對繁衍的渴望。

（6）土葬。金沙江峽谷的土葬比較複雜。峽谷各地的土葬規模大小不一。一些村落非常流行，墳場的類型從孩子到老年人皆存在，功能各不相同，顯示了土葬的輝煌。一些村落沒有專門的墳場，人死

---

46 參見江道元：〈西藏卡若文化的居住建築初探〉，《西藏研究》1982年第3期。

以後多在自家的土地實行土葬。一些地方的居民把土葬視為一種下等的喪葬方式；而一些地方恰恰相反，將土葬視為傳統的喪葬方式。這說明，支持土葬的宗教信仰和反對土葬的宗教信仰的衝突是多麼激烈！與土葬並存的還有一種水土葬，同樣是掩埋屍體，但是掩埋點選在小溪的淺灘處。

（7）火葬。這是峽谷內一種傳統的喪葬方式，其起源應該與羌人有關。但佛教傳入以後，火葬的內涵就發生了變化，佛教的外衣逐漸覆蓋了原始的薩滿信仰。火葬在峽谷內普遍存在，尤其是那些森林資源集中的村落比較盛行。但整條峽谷遵守一條定律：萬物生長到秋天落葉的日子裏不能火葬。

（8）水葬。金沙江峽谷的水葬主要在那些靠近河流的村落中，這種葬式的起源與苯教信仰有關。在苯教看來，水下有龍神，兇惡之極，因此把屍體扔進水裏被視為一種懲罰死者的喪葬方式。但佛教傳入峽谷以後，水葬的內涵相應發生了一定程度的改變，不少村落的居民將它視為好的葬式。峽谷內的水葬主要有兩種形式，一種是整具屍體拋入河中，另一種是先對屍體肢解後再拋入河中。兩種水葬方式的不同可能與藏傳佛教教派的主張有關。從田野考察的情況來看，後一種類型呈現逐年遞減的情況。

（9）塔葬。金沙江峽谷的塔葬只針對藏傳佛教中那些有名望的大喇嘛，其它人不能隨意實行塔葬。塔葬有兩種形式：第一種是對喇嘛的法體進行防腐，製作成乾屍後實行肉身塔葬；第二種是將法體火葬以後，撿其舍利子裝入專門的盒子裏，然後把它們供奉在塔中。安置舍利子的塔有木塔，也有金塔。由於塔葬是佛教專有的葬式，從中可以看出藏傳佛教強大的統治力量。

（10）地葬。金沙江峽谷的地葬主要存在於高原牧區一些偏遠的地方。地葬時，人們以白布裹屍，然後以刀裂肉而餵狼狗的方式對屍

體進行處理。地葬與原始的野葬一脈相承，佛教傳入以後，它又開始披上佛教的外衣大行其道，從中可以看出其「輪迴」的觀念仍為主流。

（11）天葬。天葬是金沙江峽谷居民主要的喪葬習俗。天葬時由喇嘛念經召喚禿鷲，由僧徒念經幫助死者超度。一些地方的天葬有專門的天葬師幫助肢解屍體，一些地方的天葬則是由死者的親戚幫忙肢解。它同樣是佛教傳入峽谷以後與當地原生的宗教信仰結合後才出現的葬式。

（12）複合葬。金沙江峽谷的複合葬形式多種多樣。有土葬後再挖出屍體進行火葬的；也有火葬後再把骨頭撿起來實行土葬，或者把骨灰撿起來放到岩洞中去實行岩洞葬的；還有先火葬後把骨灰撒到金沙江中實行水葬的。複合葬大面積存在說明峽谷內不同宗教信仰之間的鬥爭誰也不能永久取得支配地位。

峽谷內多種喪葬並存，相同的葬式背後可能體現了人們不同的死亡觀，不同的葬式背後也可能體現了人們相同的死亡觀。這些死亡觀有原始薩滿教關於靈魂永生的信念，有苯教關於靈魂復活的信仰，也有佛教中關於輪迴、轉世、投胎的信念。各種信仰相互鬥爭、融合發展成了複合信仰以後，在複合信仰的主導下，每種葬式又與當地的社會結構結合起來，成為人們表達身份、等級的文化符號，或者成為社會控制的手段。每種喪葬的變遷、消失乃至復燃，其背後皆隱藏著某種邏輯結構的變化，即人們為什麼選擇這種葬式而不是別的葬式，為什麼對某一特定的人群之死，或者說對某一特定死因的死者選擇某一特定的葬式而不是其它葬式。因此，這種邏輯結構還透露出生人與生人、生人與死人，甚至死人與死人之間的關係，它們彼此協調，構成了一個完整的有機系統。

第二章
文化底層之死：從永生到復活

　　雖然死亡現象與喪葬習俗存在密切的關係，但是喪葬發展成為一種制度，其時間明顯要落後於死亡。有考古學家推測，人類最早處理屍體的方式可能是把屍體吃掉，這一結論至少已經被我國遼寧錦西沙鍋屯洞穴遺存證實，《隋書・東夷列傳・流求國》中的「其死者氣將絕，舉至庭，親賓哭泣相弔……邑里共食之」亦同指這一現象。

　　由於死亡是一種生理現象，而喪葬習俗主要受人類精神觀念支配，因此喪葬習俗的產生應該是在人類有了「靈魂的觀念」以後才發展起來的。根據考古的發現，人類的靈魂觀念最遲在一萬八千年前的山頂洞人時代就已經產生了。[1]對此，英國人類學家泰勒從進化論的角度進行瞭解釋。他說：

> 處於低級文化階段上的能獨立思考的人……大概首先就自己做出了顯而易見的推論，每個人都有生命，也有幽靈……兩者跟肉體是可以離開的；生命可以離開它出走而使它失去感覺或死亡；幽靈則向人表明遠離肉體。[2]

　　當人類有了「靈魂不滅」的觀念以後，面對一具呼喚了千萬次卻再也醒不過來的屍體時，便發展了一套與之相適應的喪葬制度。那

1　參見裴文中：《舊石器時代之藝術》（北京市：商務印書館，2000年），頁108。
2　〔英〕泰勒著，蔡江濃譯：《原始文化》（杭州市：浙江人民出版社，1988年），頁416。

麼，金沙江峽谷最早的喪葬制度是怎麼樣的？這些制度又經歷了什麼樣的變化呢？本章筆者擬以田野調查收集到的資料結合考古學已有的成果，復原金沙江峽谷的喪葬史。

第一節　史前喪葬文化：從人鬼同居到人鬼分離

一　居室葬：人鬼同居時代的再現

居室葬，也稱壁葬或者牆葬。我國文獻對居室葬最早的記載見《山海經·海內西經》。其曰：「使人上郡發磐石，石室中得一人，跣裸披髮，反縛械一足。」可見，居室葬指的是把屍體以屈肢方式安葬在室內的一種葬式。居室葬目前在金沙江峽谷有零星發現，以峽谷中部的三岩最為集中，向南延伸至四川巴塘縣的地巫鄉和中咱鄉，向北延伸至四川省的德格、甘孜、雅江、紮巴等地，這些地方的居室葬針對的對象都是當地八十歲以上去世的長者。[3]分析峽谷內的居室葬，必須從當地老百姓的空間等級觀念入手。

（一）房屋構造與空間觀念

人類最早的住所是什麼樣的？來自考古學的研究成果證明：「更多現代原始部落則比較喜歡風籬——這是溫暖氣候條件下最原始的『房屋』。風籬的建造非常簡單，將樹幹或樹枝插在地上，排成一道豎直的牆或半圓形的圍牆，在圍牆上蓋上枝、葉、樹皮或野草之類的東西，就成了一個可以擋風遮雨的簡陋住所……風籬是最早的人類居所，或許可以視為兩種基本的房屋類型——圓形房屋和方形房屋——

3　參見丹珠昂奔、周潤年：《藏族大辭典》（蘭州市：甘肅人民出版社，2003年）。

的雛形。」[4]毫無疑問，金沙江峽谷內的房屋建造與風籬有著一脈相承的關係。

1 作為生活與生產的房屋

以三岩建房為例：在建房之前首先挖二至三公尺深的地基，起牆之前先用幾根木頭搭好房屋的框架——與建風籬前將樹幹插在地上類似，然後用混以雜草和石灰調和、黏性很強的沙石泥沖牆，沖好的牆一般厚兩公尺以上，經過七天左右自然晾乾後堅硬無比。房屋的結構搭好以後，將直徑約零點三公尺的圓木豎在屋簷的四個角落和房子的中部（中部的圓木直徑達零點五公尺以上）作為房子的支撐，然後開始鋪屋頂，屋頂全部使用木料。峽谷內的森林資源十分豐富，當地生長的一種巨柏樹的直徑通常在兩公尺左右，高達十幾公尺。老百姓通常在冬天趁著樹木還沒有吸水的時候，到山上將巨柏樹砍伐回來，再加工形成規則的大小相同的長木條，然後把這些木條鋪到屋頂上，接著在木條的面上再鋪一層混凝土即可。建造房屋的時候先造第一層，然後依次往上增高，直到蓋完第三層才封頂。有些人家還在第三層的樓頂上搭半間閣子，用於存儲食物。

現在，我們來考察房屋的內部結構。每家雖大小不一，但具有共同點：第一層主要用來圈養牛、羊和豬等牲畜。一些家庭的房子沒有第一層，通常挖一個深度約為二點五公尺的半地下室充當。半地下室由隔板隔開，一邊用來存儲供給家畜食用的玉米和豬草，另一邊就是豬、牛、羊生活的地方。第二層的高度為五至七公尺，空間比第一層大，主要由臥室和客廳兩部分組成。臥室由木板隔開，是人們休息的

---

4 〔德〕利普斯著，李敏譯：《事物的起源》（西安市：陝西師範大學出版社，2008年），頁23。

場所；客廳有火塘，火塘正面有佛龕，旁邊擺放著佛；火塘的四周圍
繞著藏式方桌，這裏是人們做飯、吃飯的地方，也是會客的地方，同
時還是娛樂的地方。第三層的高度為四公尺左右，一般被設置成經
堂，門的正中供奉著佛像，門口有轉經筒，牆壁掛滿了經幡、唐卡等
繪畫裝飾品，這裏是重要的宗教場所，凡是家裏需要舉行宗教活動都
會集中在這個地方。第三層樓頂一般設一小槽或瑪尼堆，專門用來燒
香。同時，三樓樓頂還是一個工作場，人們通常在那裏脫包穀粒以及
曬青稞、雜豆等。一些家庭在樓頂上還要再蓋半間閣子，以儲存糧草
和食物。

馬斯洛認為，人類第一需求是生存。受自然資源的限制，金沙江
峽谷的老百姓也以生存為第一要務，如何以最少的勞動力換取最大的
生活資源是人們關心的問題，因此三岩人的房屋並不僅僅是生活的場
所，而是將生活與生產巧妙地結合在一起。其建造過程中處處體現了
一種實用的特徵，它的每一層都不能少，因為每一層所對應的功能都
不同。

具體來說，一樓最主要的功能是生產。豬、牛、羊是每個家庭不
可或缺的：當地的農業生產主要靠的就是牛；而豬則成為老百姓一年
攝取營養物質的主要來源，一般情況下，人們一年至少要殺三頭豬；
羊不但可以提供營養物質，還是家庭重要的經濟收入。與一樓的生產
功能不同，二樓、三樓是一個消費區。如果再細分的話，二樓主要體
現在物質消費方面，而三樓則是精神消費的場所。三樓的樓頂（相當
於四樓）又把生產與消費有機結合起來。需要指出的是，一樓的生產
與三樓樓頂的生產是完全不同的，這並不是說其生產種類不同，而是
生產結果的可預知性有區別。在一樓飼養的豬、牛、羊，其成長不具
備可預知的特徵。例如，人們沒有辦法預知這些家禽患病或死亡。筆
者在田野調查中遇見過多起禽畜糾紛事件：別人家的雞飛進豬圈被豬

吃了，最後只能以賠錢的方式把問題解決了。相比較而言，老百姓在三樓樓頂基本上進行的是生產的最後一道工序，其必然產出可食用的糧食。因此，三樓樓頂既可燒香拜佛又可作為生產的場所不是沒有道理的。這種結合的邏輯在於，三樓所生產的糧食與佛在同一個空間上，它們已經得到了佛與神的認可。

2 「家」裏與「家」外

　　這種邏輯的進一步延伸便是三岩人「家」的概念。在路上，如果你問一個三岩人某人的家在什麼地方，他會為你指具體的方向，這時候他所說的「家」指的是整棟房子。但是，如果一個三岩人邀請你到他家去做客，這時候的「家」指的就是二樓與三樓了，此時一樓被排斥在「家」的這個概念之外。所以，客人是絕對不能闖入主人的牛圈然後才上二樓的，否則會被認為帶著晦氣進屋。這是因為三岩峽谷處於生存資源環境極其缺乏的環境中，所以生活與生產的場所在當地人的概念中被分得很清楚。從這個意義上說，一樓與野外的草場、田地等似乎沒有太大的區別，因為它們的功能是相同的，都是生產的場所。生產場所是人們衣食來源之地，但也同時意味著這些地方是危險的，或者是不乾淨的。這種觀念是人類在長期與自然鬥爭的過程中形成的——早期人類在生產過程中人身安全得不到保證，如狩獵時經常被獵物咬傷，生產往往與死亡相伴。能夠對三岩人（整條峽谷）有關「家在二樓或三樓」這些觀念提供證據支持的例子還有婦女的分娩。據鄉衛生部門工作人員反映，他們到三岩的農村去普及生育知識時普遍感到比較費勁。因為依照三岩農村的傳統，婦女生孩子都要到牛圈去。在三岩的老百姓看來，婦女分娩也許是一生中最骯髒的時刻，比如產婦的血水通常被視為晦氣。老百姓不願意婦女在「家」裏生孩子，他們擔心那樣會激怒「家」裏的神靈，這些神靈會把厄運降到這

個新生嬰兒和其母親的身上，或者給這一家人日後帶來各種各樣的
麻煩。

事實上，婦女在牛圈分娩的這種觀念同樣可以和動物的飼養相互
印證。這種生產與動物的飼養之隱喻並沒有太大的區別，這裏體現的
邏輯仍然是嬰兒成長的不可預見性。正因為如此，生下來的嬰兒要盡
快找活佛念經，或者找阿尼跳神。只有這樣，他的成長才算是得到某
種神靈的保祐，就像那些在三樓樓頂曬的玉米一般。毫無疑問，一樓
是危險的、骯髒的、不潔的，除非與生產發生關係，否則人們很少光
顧那些地方。以老百姓一天的活動所涉及的場所來看，人們只有在每
天早、中、晚給豬餵食時才到一樓。如果家裏沒有豬只有牛的話，每
年夏季當這些牛都被趕往高山的牧場上，人們更不可能到一樓去。換
句話說，一樓在此時就形同虛設了。

在「家裏」與「家外」、「污」與「潔」、「安全」與「危險」的二
元對立觀念中，三岩人的居室葬也表現出人與「善鬼」同居、與「惡
鬼」分離的特點。

（二）屍體處理的程序

考古學發現居室葬的形式主要有四種：一是在住屋內挖墓穴埋葬
死者；二是利用住屋內已有的窖穴、灶坑等空間埋葬死者；三是將死
者擺放在住屋的居住面上直接埋葬；四是在屋內選擇特定空間保存死
者全部或局部屍骨。[5]金沙江峽谷地區的居室葬接近第四種，是當地
喪葬的一大特色。其程序主要由殮屍和下葬兩大部分組成。

殮屍儀式通常是從理髮開始的。當一個人斷氣以後，由死者最親
近的人為其理髮，使用的工具是長約十公釐的剪刀。如果死者的頭髮

5　參見楊虎、劉國祥：〈興隆窪文化居室葬俗及相關問題探討〉，《考古》1997年第1期。

過長，通常用藏刀割斷一截即可。這項活動與三岩人對靈魂的認識有
關，三岩人對靈魂的認識基本上還停留在物質性的靈魂觀方面。在三
岩的「地方性知識」體系中，人們認為八十歲老年人的靈魂像頭髮一
樣有韌性，永遠不會腐爛；另一方面，這類人的靈魂像頭髮一樣細，
極易受到傷害，所以要小心翼翼地保護。由於死者的靈魂很多時候會
停留在頭髮中，所以理下的頭髮不能亂丟，親屬應用一個羊皮製成的
袋子將其小心翼翼裝起來，到下葬的時候與屍體一起埋掉。理髮儀式
結束以後就要對屍體進行捆綁了。在三岩人看來，這種屍體與其它死
因的屍體的殮屍程序不同，一個最明顯的區別就是不能為這些屍體淨
身；因為三岩人認為這些靈魂不喜歡沾水，淨身會讓靈魂感到不舒
服，它將很快帶著原有的「靈氣」離開屍體，那樣屍體就成為一具毫
無意義的臭皮囊，日後無法變成神，也就失去了保護子孫的功能。捆
綁屍體時，死者家屬先從死者生前穿的藏袍上取下一根長腰帶，將腰
帶打結，制一個活套，套入死者的頸部後用力拉緊，然後將死者的兩
隻手抱住腿部，將腰帶纏繞死者的兩腿和兩手並用力向上拉，以使手
和腿儘量靠近脖子。最後把屍體裝入一個白色編織袋，面朝北放在二
樓室內的某個角落一段時間。在這段時間內，家屬會用一張長寬各約
2 公尺的紅色毛氈蓋在編織袋外層。在藏族群眾看來，此時這張毛氈
已經不是普通的毛氈，他們將它稱為「戎」。但是，在漢語裏面，我
們很難找到一個與「戎」相對應的詞。根據報導人的解釋，「戎」有
一種「靈氣」，或者說是一種「福氣」。在當地人的觀念中，這種
「氣」不是每個死者都有的，譬如那些自殺、夭折的死者就沒有這種
「氣」。因此，這張有了「靈氣」的毛氈不與死者一起下葬，而是被
家屬妥善保存著，在日後留給家裏人披身，據說這樣能夠祛病驅鬼並
保證事事順利。

　　下葬的時候，將屍體呈蹲坐的狀態，身體向前傾，雙腳靠攏並齊

放入木箱當中，再以死者的衣服填滿空隙，然後向木箱的周圍撒鹽、
灶灰和麥秸以吸乾水分。為了保證死者在死後能夠象生前一樣生
活，死者生前穿的衣服和戴的貴重首飾也經常跟隨他一起下葬，特別
是死者生前經常穿的衣服一定不能丟掉，而是與屍體一起放到木箱
中。從現實的功能來看，這樣能夠填塞木箱的空間；而從死亡觀念來
看，這是親屬為了保證死者陰間正常生活所必須做的。屍體放置的地
點很有講究，三岩人向世人展現了空間的等級觀念——他們一律把這
些屍體安葬在三樓經堂的一個角落或者三樓的樓頂上。至於為什麼選
擇這樣的位置，許多報導人的解釋是，三樓是「家」的神聖位置，所
有善良的神靈包括佛都在裏面，在那裏安葬屍體可以讓整個家庭興
旺。安葬屍體的時候，首先在牆壁上挖一個長寬各約一公尺、厚度約
零點七公尺的凹槽，將裝有屍體的屍箱放入凹槽，貼緊壁面，然後調
以黃泥、灶灰敷實即可。

　　三岩的居室葬是一種長期的葬法，屍體放在室內的時間可以長達
八十年以上。不過，由於當地生存條件比較惡劣，人的壽命普遍不
長，能夠得到這種待遇的死者並不多。換句話說，居室葬並不普遍。

（三）居室葬：人鬼同居的思維反映

　　據考古學的發掘表明，居室葬是人類最古老的葬俗。[6]換言之，
居室葬是人類有了靈魂觀念以後實行的第一種葬俗，如在距今八千年
前的興隆窪遺址中就存在居室葬。其特徵之一為每棟房屋通常只有一
個葬點。這說明當時人們尚未把這一葬法作為埋葬氏族大多數成員的
方式，　而是將其作為掩埋少數人物——身份特殊、地位較高，或死
因較為特別的氏族成員——的方式；居室葬絕非偶然，也不是簡單行

6　參見陳星燦：〈史前居室葬俗的研究〉，《華夏考古》1989年第2期。

為所致，應具有較強的目的性和特殊用意。[7]考古學發現的情況與今天金沙江峽谷的情況類似，因此，就這種葬式發生的時間來看，它可能也是金沙江峽谷最早的一種喪葬類型。

鑒於整條金沙江峽谷存在居室葬，我們有理由相信，這種葬式可能是史前時代由西北沿橫斷山脈遷徙的人群留下來的，這些人群從大的族系來說，或許就是後來史書所稱的「氐羌」。證據有二：其一，居室葬在停屍階段讓死者面北，很可能暗藏南遷的隱喻；其二，在後來羌人中也一度表達出類似的死亡觀念。例如，史書就有羌人「年八十以上死者，以為令終，親戚不哭」[8]的記載。在歷史上，金沙江峽谷戰禍連連，殘酷的生活環境與有限的生活資源使羌人的平均壽命不高，不由自主地對八十歲以上死亡的老者產生崇拜，認為他們冥冥之中得到天神的護祐。

就居室葬所表達的基本內涵來看，其人鬼共居的現象是峽谷內的人類早期觀念上人神（鬼）不分的反映。事實上，我們今日在峽谷內看到的居室葬已經隨歷史的變遷承受了多重文化因素的衝擊，但是其最初含義，即峽谷內早期存在的人鬼共居的觀念仍得到完整的體現。原始人從自身的呼吸、睡眠和病痛之中普遍感覺到人有兩個實體，即軀體和靈體。人在睡眠或者生病的時候是靈體暫時離開軀體所致，當靈體永遠離開人的軀體，則意味著人死亡。但是，人死亡以後，靈體仍然繼續在生前活動過的地方生活，與親屬們共居於一個空間。這寄託著子孫後代對長輩的思念，此即居室葬的最初含義。

在人類鬼魂觀念啟蒙的童年時期，至少在相當長的一段時期（從考古學對居室葬的挖掘情況來看，這個時期至少持續到新石器時代）裏人與鬼是同處於一個空間的。關於這一點，不僅在眾多考古成果中

7　參見劉國祥：〈興隆窪文化居室葬俗再認識〉，《華夏考古》2003年第1期。

8　〔唐〕李延壽：《北史》（北京市：中華書局，1974年），卷96。

得到證明，後世的許多文獻對此也有充分反映。以藏族群眾崇拜的神山——岡底斯山為例，民間傳說那裏就有登天或下界的天梯。[9]《西藏王臣記》在敘述吐蕃的聶赤贊普時說：「聶赤贊普……下降天梯而步行到澤當四門平原……用手指著天示意……他是從天界懲罰下來的。」[10]也就是說，在早期人類的思想觀念中，天和地還沒有像後來那樣分得那麼明顯。這些都表明了遠古時代藏族的宇宙觀和思維方式，他們長時期過著人鬼共居的生活。

人鬼共居的觀念後來受善惡二元論的影響發展出了善鬼與惡鬼。善鬼一般指自己的祖先，他不僅不會害自己的子孫，相反，還能夠給子孫帶來種種幸福。與此相對應的是，惡鬼給家人帶來危害，此即居室葬表達的二元對立觀念。下葬期間對位置的選擇就是最好的證明：居室葬的位置以三樓或者三樓樓頂為佳，並絕對性地把一樓的牛圈排除在外。這種安排的理由在於：一樓是「家」外，那裏充滿了危險，為避免先人的靈魂受擾，不宜安葬屍體；二樓以上是「家」，適宜安葬屍體，但是人們一般不把屍體安葬在那個地方，因為那裏有火塘，一年四季人們都在那裏生火做飯，也算是一個勞動的場所。屍體是神聖的，應該把他們安葬在休息的場所，所以三樓成為安葬屍體的最佳位置。把屍體安葬在三樓的「家」裏是希望祖先享清福，不用再到「家」外去飼養牛羊。另外，三樓有佛、有神，是神聖的空間，把祖先葬在三樓表示與佛或者與神同在；久而久之，這具屍體也會因此變成神或者佛，其神力會隨著時間的流逝而遞增，這樣子孫又可以在其庇護下茁壯成長。

9　參見馮學紅、東・華爾丹：〈藏族苯教文化中的岡底斯神山解讀〉，《中國邊疆史地研究》2008年第4期。

10　第五世達賴喇嘛著，劉立千譯：《西藏王臣記》（北京市：民族出版社，1982年），頁14。

　　人鬼共居的觀念最遲至舊石器時代晚期、新石器時代早期才消失。從目前考古的成果來看，居室葬這種葬俗「以舊石器時代為最多，其次是中石器時代和新石器時代早期，距今八千至九千年以前。在西亞和歐洲，前陶新石器階段以後居室葬即不再流行」[11]，取而代之的則是甕棺葬。

二　甕棺葬：人鬼脫離觀念的重塑

　　甕棺，也稱為「瓦棺」，《禮記・檀弓》就有「周人……以有虞氏之瓦棺葬無服之殤」之說。甕棺葬是一種以陶容器為殮葬棺具的喪葬形式，這些陶容器主要包括甕、罐、缸、瓶、盆等。考古發現，甕棺葬是史前金沙江峽谷非常普遍的一種葬式。在玉樹縣通天河兩岸出土的卡則遺址中，最引人注目的是雙大耳罐陶器、石板墓葬以及裝有兒童屍骨的甕棺。[12]除了玉樹發現甕棺葬以外，雲南省德欽縣的永芝、納古[13]遺址中也發現甕棺葬，這說明金沙江的甕棺葬具有悠久的歷史，田野調查發現，峽谷下游（出口）還保留著古老的製陶技術。

（一）峽谷出口的製陶術

　　雲南省德欽縣的羊拉鄉政府所在地甲功村以南約十公里處一個叫「裏卡通」的地方有許多窯洞，那里保存著古老的製陶技術。

　　製作陶器的程序如下：首先是選泥土，泥土的好壞直接影響陶器的品質。人們大多到金沙江岸邊挑選大缸泥做原料，因為這種泥的黏

11　陳星燦：〈史前居室葬俗的研究〉，《華夏考古》1989年第2期。

12　參見青海省地方志編纂委員會：《青海省志・文物志》（西寧市：青海人民出版社，2001年），頁59。

13　同上書，頁97。

性比較好，不需要加入其它黏料。先用拖拉機把泥土運回來，然後對泥土進行加工。其加工的方法是，先用牛或者拖拉機把泥土碾爛，然後加入細沙、灶灰和草屑與黏土調和；再將碾爛的泥土進行陳腐，大約需要七天，以增強泥土的黏性。其次是泥土的成型。如果是製作小型的陶器如碗，一般採用捏塑的方法，即把泥磨成圓形以後放入一個成型的碗，用雙手沿著碗的邊緣捏黏土，從外往裏擠壓，使這塊黏土的中心變厚而邊緣部分變薄，成為碗狀。大型陶器採用泥條盤築法。先用木板拍打泥土，然後用雙手搓成泥團，再將泥團拉長，擺上模具，根據模具器型的大小用泥條圍著它進行折疊，最後用木板拍打泥土成型。成型以後進行的工序便是修飾與繪圖，圖案大多是「六字真言」。繪製好以後就可以放到窯裏焙燒了，一件陶器要燒五小時左右，燒出來的陶器堅硬結實，人們把它們放到陰涼處待溫度降低以後放到水裏浸二十四小時以後便可使用。

從製陶的整個過程來看，其技術似乎還停留在比較原始的階段，如當地沒有輪製法。眾所週知，輪製法在新石器時代的大汶口文化晚期和龍山文化時已經大範圍使用，但是筆者在羊拉鄉並未發現。當地一名老百姓告訴筆者，製陶技術在很早的時候就有，四川巴塘縣的中心絨鄉、地巫鄉的製陶技術都是從羊拉這邊傳過去的。筆者在田野調查中還發現，更古老的製陶技術在羊拉普通老百姓家也有發現。譬如，當地婦女幾乎人人都會編竹籃，有時候她們會在編好的竹籃外形上塗灰泥或者黏土，然後放到火邊去烤，使其變硬，這些裹了泥土的「竹籃」就可以用來裝水。這些方法與製陶的泥條盤築法有些類似，後者是否是受其影響而發明來的我們無從得知。但是，有一點是相當肯定的，即當地的甕棺葬所用的陶器是由當地所產的，這一發現對於我們理解甕棺葬在峽谷內的傳播無疑具有重要意義。

（二）甕棺葬葬具與觀念的傳播

製陶技術在地處川、滇、藏交界區的羊拉鄉一帶有所保留，而在川、青、藏交界區一帶的玉樹巴塘沒有保留，這與兩地的經濟生產方式密切相關。「製陶術和織機一樣，在農業文明出現之前是不可能出現在人類生活中的。」[14]由於環境變化，目前玉樹巴塘鄉已經是一個純牧業區，因此製陶術沒有保留下來是理所當然的；而羊拉的環境不同，那裏是一個河谷農業區，人們過的是穩定的農居生活，這種穩定的農居生活無疑為陶器的傳承提供了土壤。

由於羊拉存在製陶技術，不難推測甕棺葬曾普遍流行，因為甕棺葬所用的葬具是夾沙陶罐，與當地人平常生活所用的器皿相差無幾。這種陶高零點五公尺左右，開口直徑零點三公尺左右，由中間向底部逐漸變小，藏族群眾經常用它們來存儲酒、包穀和青稞等食物。

在羊拉鄉，甕棺葬一般針對三歲左右夭折的小孩，在很多情況下是難產而亡的。整個程序大致如下：三歲以下的小孩夭折，家裏人首先用浸泡香柏葉的水給他擦拭全身，然後將孩子的屍體卷成在母胎的狀態，最後外加毛毯或者布料將屍體包裹起來，包裹好的屍體被放入一個粗大的陶甕或者陶罐裏面等待下葬。喇嘛算出日子以後就下葬，下葬時不需要放任何隨葬品，但是要往罐中撒鹽、灶灰和麥秸，主要是防止屍體腐爛；屍體裝入陶罐以後須蓋緊蓋口，然後用黃泥和石灰抹住，密封起來，使氣體不外泄。甕棺安放的位置很有講究，大體來說主要有三個位置可供選擇：其一，埋在房屋的附近。其二，放在一樓的牛圈裏。這種情況經常採用懸掛的方式，即把甕棺懸掛在屋子的柱子上。據報導人說，懸掛的目的主要有兩個，既能避免甕棺碰到地

---

14 〔德〕利普斯著，李敏譯：《事物的起源》（西安市：陝西師範大學出版社，2008年），頁120。

面，又能避免牛圈裏的牛羊對甕棺造成破壞，其「保護」的色彩很濃重。田野調查中發現當地老百姓為了防止動物破壞甕棺，甚至每天外出時都要特意把牛圈的門給鎖上。其三，放在一樓與二樓樓梯拐角處，直接放置便可。但是，在當地人的觀念中，甕棺一般不能接觸泥土。據說，如果屍體的靈魂接觸到泥土就會停留在那個地方，甚至永遠不走了，久而久之，就給家人帶來不幸。因此，人們經常在甕棺之下放著一塊木板墊底。在羊拉村，筆者發現有的甕棺甚至被掛在二樓的屋簷下。

甕棺葬在當地不是一種長久的葬法，只是一種過渡的葬式而已。實行甕棺葬過了一段時間以後，家裏人就會請喇嘛來打卦，看什麼時候方便，找個吉日把屍體拿出去水葬。但是，用陶罐裝起來的時候可以不講究日子和時間。當然，如果能夠請到喇嘛，他們經常會打卦告訴老百姓放在哪個位置好一些；不過這種情況並不常見，尤其是在羊拉鄉，去一趟鄉政府要過河，很多情況下不能及時找到喇嘛。因此，屍體放在家裏的時候不請喇嘛也可以，但是如果要移到外面的話就一定要請喇嘛算卦。

順著金沙江往北走，到了金沙江峽谷中部的三岩，同樣可以發現甕棺葬，其所針對的對象與羊拉鄉類似——三歲以下夭折的孩子。從葬式與甕棺所在的位置來看，兩地也沒有太大的區別。值得注意的是，筆者在三岩峽谷內並未發現任何製陶技術，當地老百姓告訴我們，人們使用甕棺葬的陶罐大多要到昌都一帶去買。由於陶罐數量有限，於是三岩的甕棺葬似乎出現了一定程度的「變異」。這種「變異」主要表現在葬具上。例如，在三岩的雄松鄉，三歲以下的小孩夭折，人們大多用木箱代替甕棺作為殮屍的工具。嚴格意義上說，這種情況不是考古學定義上的「甕棺」。但是，從調查的情況來看，這些裝屍體的木箱所放的位置主要是一樓的牛圈或者一樓與二樓的樓梯拐角

處。它們與羊拉鄉的甕棺葬有一個共同的特徵，即屍體的位置不能超過二樓。據當地的老百姓解釋，這是擔心屍體褻瀆二樓的灶神和家神。在這裏，甕棺葬體現的基本觀念並沒有改變，變的只是葬具而已。

童恩正在論述我國半月形文化傳播帶的文化傳播規律時認為，這一系列的傳播既有民族的直接遷徙、融合和交往，也有間接的觀念的傳播。[15]這一論點符合甕棺葬在峽谷內的傳播狀況。

大體來說，羊拉鄉的甕棺葬還停留在比較原始的階段，葬具基本上是陶罐，這與當地盛產陶器不無聯繫。金沙江地勢北高南低，農業發展呈現由北到南逐漸增強的趨勢，因此陶甕在峽谷內並沒有大規模傳播，但是甕棺葬的基本觀念在峽谷內是存在傳播關係的。證據有二：其一，甕棺葬主要針對的對象是三歲以下的孩子，這些甕棺葬沒有任何隨葬品。毫無疑問，這裏主要表達了年齡的等級結構。其二，各地甕棺葬放置的位置和形式雖不相同，但它們又普遍遵守著一條規定：屍體不能越過二樓。因此，史前時代的甕棺葬隨著沿橫斷山脈南下遷徙的民族傳播，歷經環境的變遷，目前在金沙江峽谷呈現了由北至南漸強的格局。

（三）甕棺葬：人鬼生活空間的分離

據考古學的成果，甕棺葬是我國新石器時代遺址中發現的主要葬俗，始見於新石器時代的中期。目前，我國考古學界發現含有甕棺葬的史前文化遺址已達八十多個，發現有甕棺葬近一千一百座，在大部分出土的新石器時代遺址中，都有針對兒童實行的甕棺葬。其基本特徵如下：一般來說，人們利用自己日常使用的陶器裝殮孩子的屍體。

---

15 參見童恩正：〈試論我國從東北至西南的邊地半月形文化傳播帶〉，見《南方文明》（重慶市：重慶出版社，1998年），頁558-603。

他們往往在用作甕棺的陶器上鑽個小孔，有的放入少許隨葬品。一般多埋於居住區的附近，墓只挖出比甕棺大的坑穴，或橫放，或豎置，按照本氏族的埋葬習俗來確定甕棺的方向。[16]

　　關於小孩的甕棺葬，很多學者注意到了它與靈魂崇拜之間的密切關係，比如認為甕棺底部的小孔可作為死者靈魂出入的通道。[17]也有學者注意到了它所反映的社會結構和人們的來世觀念。譬如，將甕棺葬埋在生活區的附近，是出於先民對孩子的珍愛，認為孩子還小，需要照顧。同時，受來世觀念的支配，他們認為兒童在經過一個時期的睡眠以後會蘇醒過來，重新回到母親的懷抱當中。[18]這些研究成果固然有道理，但是很多學者似乎忽視了一點，即為什麼甕棺葬要埋在生活區的附近，而不是埋在生活區裏面呢？按照上述學者的邏輯，埋在生活區裏面不是更利於父母「照顧」他們嗎？如果我們將舊石器時代的墓葬和新石器時代的墓葬對比，以下的解釋似乎更接近問題的本質：它反映了人類喪葬觀念從人鬼共居到人鬼分離的歷程，它表明舊石器時代到新石器時代人類關於靈魂觀念的變化發生了質的飛躍。從考古的成果來看，舊石器時代以居室葬為主，而新石器時代以後居室葬卻消失得一乾二淨，這不是沒有理由的。在新石器時代，不僅孩子的甕棺葬沒有安排在生活區，對本氏族成員的安葬也與生活區隔開了，這表明人鬼在空間上出現了分離。理解這一點並不難，今天葬族民間還流傳著類似的神話。據說，吐蕃早期社會的天赤七王都是從天上下來管理人間的，而且他們還可以順利地返迴天空，因為他們的頭頂上有一根登天之繩。到了止貢贊普的時候，這根繩卻被割斷了，從

---

16 參見許宏：〈略論我國史前時期甕棺葬〉，《考古》1989年第4期。

17 參見宋兆麟：〈雲南永寧納西族的葬俗──兼談對仰紹文化葬俗的看法〉，《考古》1964年第4期。

18 參見許宏：〈略論我國史前時期甕棺葬〉，《考古》1989年第4期。

此贊普就不能再返迴天空，而永遠留在陸地上。[19]贊普頭頂上的登天之繩被割斷，隱喻了人鬼（神）開始分離，居住在不同的空間。

眾所週知，原始先民的思維大多表現為一種「相似律」。當鬼魂形象在人類的觀念中出現以後，由於人鬼共居，鬼魂在陸地上到處遊蕩，並能直接控制人類、影響生產，人類的恐懼愈發強烈，為了保護自己，必須要為鬼魂安排另一個空間，以便將人和鬼隔離開來。峽谷內的房屋構造反映的就是這種觀念。當地的老百姓將一樓與二樓、三樓進行嚴格的區分，並絕對禁止甕棺安葬在二樓以上的位置，就是因為二樓已經是生活區了，一樓是生活區的附近；把甕棺葬在一樓所表達的觀念就是因為一樓是危險的、污穢的，是鬼待的地方，而鬼是不能夠和人一起生活的。這種原始的觀念在苯教信仰的等級觀念傳入以後得到了進一步加強，佛教傳入以後也沒有改變，其理由在於佛教認為孩子的死亡是一種不好的死亡，將其死因斥為前世作惡所致。

人鬼從同居到分離的觀念在當地方言中也有所表現，譬如峽谷內的居民將死者埋入野外的墳場用一個專門的詞語進行表達，藏語發音為「度壘」，但是居室葬的行為就不能叫「度壘」了。當地人解釋，因為室內是人們生活的地方，在地域上，它與「度壘」應該嚴格區分。

金沙江峽谷這兩種葬俗在其它地區已經非常少見了，但是它絕不是孤立出現的。假如我們能夠根據考古學已有的成果，將這兩種葬俗綜合考慮，可得出這樣的結論：在人類鬼魂觀念形成以後，他們大凡經歷了一個從人鬼同居到人鬼分離的過程。這種喪葬因素在隨後的歷史發展中隨著民族文化的互動又不斷發生變化，從而呈現出新的面孔。

---

19 參見第五世達賴喇嘛著，劉立千譯：《西藏王臣記》（北京市：民族出版社，1982年），頁14。

第二節　薩滿時代的喪葬文化：生命永生

一　薩滿信仰：三位一體的靈魂觀

英國功能主義大師馬林諾夫斯基認為，「前於有靈觀的宗教」乃以馬納為要素，不以有靈觀為要素；而與科學相異的巫術也以馬納為要素。[20]這是對隋唐之前在金沙江峽谷一帶生活的各民族信仰的一種最好的概括。大量的文獻表明，羌胡是非常崇尚巫術的民族。例如，在十六國初年，羌人與吐谷渾發生鬥爭，羌酋姜聰殺害吐谷渾王吐延成功。吐谷渾王的兒子葉延也認為羌人使用了巫術，他每日紮草用箭射，中則歡喜，不中則哭泣。[21]羌胡不僅在戰爭中使用巫術，在日常生活中也大量使用巫術。

巫術是人類幻想依靠實施一定的法術對超自然力量加以操縱以達到一定目的的行為，本質是一種薩滿式的信仰。

研究薩滿信仰的大多數學者認為，薩滿教的靈魂觀表現了三位一體的形式。在薩滿信仰看來，人有三個靈魂，即命魂、浮魂和真魂。所謂命魂，與生命息息相關，是人的生命得以存在的基礎，人一旦死亡，命魂將離開人的身體，在大地遊蕩。所謂浮魂，指的是一種意念，或者知覺。它可以隨時離開人的身體，和天地之間的神、鬼發生聯繫，特別是人在睡覺的時候，浮魂經常要到很遠的地方去活動，如果浮魂離開人的身體太久不回來，這個人就會生病，或者精神錯亂、目光呆滯。這時候，必須請薩滿把這個魂招回來，薩滿做法所招的魂，指的就是浮魂。而真魂具有永生的特徵，在某種情況下，還有轉

---

20 參見〔英〕馬林諾夫斯基著，李安宅譯：《巫術科學宗教與神話》（北京市：中國民間文藝出版社，1986年），頁5。

21 參見馬長壽：《氐與羌》（上海市：上海人民出版社，1984年），頁213。

生的能力。[22]

　　喪葬固然是一種可以傳承的風俗，但是繼承這種風俗的人接受了薩滿信仰以後就要考慮死者靈魂的著落了。由於真魂是永生的，所以喪葬主要是為了安頓好命魂與浮魂，而命魂又是最根本的，它的存在與否又影響浮魂的歸處。因此，薩滿將命魂看得格外重要。那麼，命魂在哪裏呢？與原始樸素的死亡觀相對應，薩滿信仰視命魂依附於石頭、骨骼等堅硬的物體上。正如拉法格所指：「靈魂的每一部分是居住在軀體的相應的器官內。」[23]這些器官便是人的牙齒、毛髮和骨骼。因為與肉體比較，人身體上的牙齒、毛髮與骨骼不容易腐爛，靈魂在這些地方就意味著具備永生的能力。例如，金沙江的鮮卑人在占卜時就是使用羊骨做道具的，《燕北雜記》說他們「用白羊琵琶骨上炙，炙破便出行，不破即不出」即為明證。在接下來的討論中，我們將發現接受薩滿信仰以後的羌胡在實行各種各樣的葬式時都體現了「保護屍骨」的觀念。

二　葬式起源：經濟文化類型與天神崇拜

　　羌胡的薩滿信仰有許多對自然物的崇拜，但以天神崇拜最為突出。《舊唐書‧吐蕃傳》記載吐蕃與羌人結盟時的巫咒說：「爾等須同心努力，共保我家，天神地祇，共知爾志，有負此望，使爾身體屠裂，同於此牲。」筆者在金沙江峽谷考察期間，印象最深的也是那裏的藏族群眾對天空的崇拜。羊拉鄉普遍流傳著「天神將太陽的一點光

---

22 參見郭淑雲：《原始活態文化──薩滿教透視》（上海市：上海人民出版社，2001年）；烏丙安：《神秘的薩滿世界》（上海市：上海三聯書店，1989年），頁6。

23 〔法〕拉法格著，王子野譯：《思想起源論》（北京市：生活‧讀書‧新知三聯書店，1978年），頁123。

線變成火送給人間」的傳說。許多老百姓家的火爐前還掛著繪製有火神的圖案，這些圖案經常以類似太陽那樣的圓形描繪出來。人們在火塘前吃飯時，筷子不能指著火的圖像說話，不能在火塘烤不乾淨的衣服，腳不能跨過火塘，平常說話不能用對火神不敬的詞語。當地人普遍認為，火有一種靈氣，如果冒犯，家人就會遭殃。

一個民族的喪葬受信仰觀念支配，但是信仰觀念不足以支撐喪葬的全部內涵。譬如，即使一個民族的信仰觀念支持水葬，但是在那些沒有河流的地方，水葬自然無法實施。從整體論的視角出發，如果說文化是一個有機的系統，那麼作為風俗的喪葬僅是上層建築中的一部分。因此，喪葬在某種程度上還會受到經濟文化類型的影響，而一個地區的民族採用什麼樣的經濟模式在根本上又受限於特定的自然地理環境。換一句話說，考察一種喪葬風俗的起源不談經濟文化類型是不客觀的。

關於金沙江峽谷地區七世紀之前的經濟文化類型，考古挖掘中有了部分反映，根據《2005 年度康巴地區考古調查簡報》，在對「成都─小金─丹巴─爐霍─道孚─德格─石渠─青海玉樹─康定─成都」線路進行考古挖掘時發現了兩種不同經濟文化類型的石棺葬，即農業經濟和畜牧業經濟。農業經濟以爐霍城西的石棺葬為代表，隨葬品以陶器和銅器為主；畜牧業經濟以卡莎湖地區的石棺葬為代表，隨葬品主要是銅器和細石器。[24]再從文獻上看，這時候的金沙江峽谷還存在以狩獵為主的經濟文化類型，典型的要數蘇毗國，《北史》記載蘇毗「以狩獵為生」即為明證。經考證，蘇毗位於藏東青海玉樹一帶。[25]

---

24 參見陳衛東：〈2005年度康巴地區考古調查簡報〉，《四川文物》2005年第6期。
25 參見朱建中：〈蘇毗諸部淺析〉，《民族研究》1996年第4期。

從民族的來源分析，金沙江峽谷這時候已經先後接受了來自西北的古羌族系與來自北方的鮮卑族系，他們與早先在這些地區過著農業生計模式的土著居民一道，在天神崇拜與經濟文化類型的影響下創造了各式各樣的葬式。

（1）石棺葬。石棺葬的出現與定居有關，至少與半定居有關。一方面，古羌人在南遷過程中沿橫斷山脈定居，之前帶著祖先骨灰四處流浪的環境發生了很大改變，於是在葬式方面有從「移動」過渡到「穩定」的需求；另一方面，橫斷山脈地區則提供了大量的石塊，這些石塊形成於第三紀，在板塊碰撞的過程中脫裂、迸發出來，質地堅硬，是石棺葬理想的材料。從信仰觀念來看，古羌人使用石板做棺與天神崇拜有關。對石頭尤其是白石的崇拜在羌族的民間史詩《木姐珠與鬥安珠》中有生動的描述：據說古羌人在南遷定居的過程中，受當地的土著戈基人的圍攻幾乎瀕臨滅絕，羌人最後在天神的啟示下，拿起白石做武器對戈基人展開大反攻才打敗了戈基人，從此過上了安居樂業的生活。

（2）岩洞葬。現代科學家在很多史前洞穴，如法國維塞河流域的莫斯特洞穴、多爾道尼的芳德哥姆洞穴、阿里埃伊河的馬德齊爾洞穴、上加龍的奧瑞納崖洞，以及在意大利和西班牙發現的許多古老洞穴中，都發現了一個共同的有趣的事實，那就是，這些洞穴並不是被用作家庭生活的住所，而是被用作公共房屋或教堂（如果可以這麼稱呼原始人宗教性的活動的話）。[26]這種情況在金沙江峽谷也同樣存在，在那裏，岩洞更重要的是為那些死去的人準備的。其葬法基本上都遵循一個特點，即人們都選擇那些向陽的山洞存放屍體。因此，岩洞葬

---

26 參見〔德〕利普斯著，李敏譯：《事物的起源》（西安市：陝西師範大學出版社，2008年），頁22。

是峽谷內人們崇拜石頭、崇拜天的反映，而且這些葬式往往具有更濃厚的宗教色彩。

（3）土葬。土葬是金沙江峽谷古老的喪葬方式，這種喪葬的出現與農業生產方式相關。舉世矚目的西藏昌都卡若遺址的考古成果也向世人清晰地展示：早期文化層遺址呈現的是農業經濟類型，而晚期文化層遺址呈現的卻是游牧經濟類型。[27]因此，藏東地區至少有一部分藏族的祖先是農業民族。農業民族素有「人吃土歡天喜地，土吃人叫苦連天」的諺語，意思是人活著吃土里長的莊稼是喜事，人死了被土「吃」掉是苦事，可見人無論死活都離不開土地。農業民族以土葬作為處理屍體的傳統習俗，這是以農業為主的生計模式決定作為上層建築的喪葬習俗的反映。從宗教信仰來看，早期的農耕方式簡單，人們基本靠天吃飯，因此也形成了崇天的觀念。《韓詩外傳》中就有「人死……精氣歸於天，肉歸於土」的說法，人死土葬是農業民族對生生不息的生命創始之認識。

（4）樹葬。樹葬，又稱「風葬」，係指以棺木盛屍，或用柳條、樹皮將屍體包裹起來，選擇宜於搭架的樹做樁，架棺或屍體於樹上，任雨打日曬，使屍體自然腐爛。[28]從檢索到的歷史文獻來看，我國實行樹葬的地區多集中於東北大小興安嶺。例如，《隋書・室韋傳》載：「父母死，男女聚哭三年，屍則置於林樹之上。」室韋出自鮮卑，他們是當今我國的鄂溫克、鄂倫春和赫哲族等滿—通古斯語族的祖先，故中華人民共和國成立後這一葬俗在上述民族仍有大規模發現。[29]金沙江峽谷的樹葬集中在三岩以下的地方，由北至南呈現遞減

---

27 參見童恩正、冷建：〈西藏昌都卡若新石器時代遺址的發掘及有關問題〉，《民族研究》1983年第1期。

28 參見鄭傳寅、張建：《中國民俗詞典》（武漢市：湖北辭書出版社，1985年），頁422。

29 參見夏之乾：〈從樹葬看樹居〉，《民族研究》1983年第4期。

的狀況，我們結合考古學所提出的「東起大興安嶺南段，沿蒙古草原至河湟地區，再折向南方，沿青藏高原東部直抵滇西北」[30]的半月形文化傳播帶，不能排除金沙江峽谷的樹葬與吐谷渾有關，因為金沙江峽谷發現樹葬的地區一度被出自鮮卑系統的吐谷渾佔有。與樹葬類似，金沙江峽谷還出現過一種地架葬。《友會叢談》卷三在談到羌人戀人殉情而死，「用繒綵都包其身外，裹之以氈，椎牛設祭，乃條其革，密加纏束，然後擇峻嶺架木高丈餘，呼為女柵，遷屍於上，雲飛昇天也」。很明顯，這種葬式是樹葬的變形。

　　樹葬只是「亞洲北部一些遊獵民族常採用的一種喪葬形式」[31]。因此，其起源與遊獵經濟有密切關係。《北史・契丹傳》就明確記載：「父母死⋯⋯但以其屍置於山樹上⋯⋯因酹酒而祝曰：『⋯⋯我若射獵時，使我多得豬鹿。』」遊獵經濟與游牧經濟不同。就地域來說，游牧經濟的邊界更廣，而遊獵經濟基本限定在一片森林區域內，於是，這片森林就成為遊獵民族的衣食之源與棲身之所，人們對樹的崇拜自然而然就產生了。《禮記・祭法》載：「山林川谷丘陵，能出雲，為風雨，見怪物，皆曰神。」在這裏，山林川谷之所以被崇拜，是由於他們能呼風喚雨、吞雲吐霧，具備超常的本領，也就是因為這些物體後面有一種靈性。另外，樹葬也受薩滿信仰裏天神崇拜的影響，人們認為將死者置於樹上受日月照射，亡靈會變成天上的星辰，為後人帶來希望和光明。[32]

　　（5）火葬。金沙江峽谷地區最早的火葬是由羌胡等民族傳入的。有關羌族風行火葬的習俗在許多漢文獻中皆可發現，《後漢書・

---

30 童恩正：〈試論我國從東北至西南的邊地半月形文化傳播帶〉，見《南方文明》（重慶市：重慶出版社，1998年），頁558-603。

31 《辭海》（中冊）「樹葬」條（上海市：上海辭書出版社，1979年），頁2985。

32 參見鄭傳寅、張建：《中國民俗詞典》（武漢市：湖北辭書出版社，1985年），頁422。

西南夷傳》提及汶山郡的羌民時說「死則燒其屍」。《北史・突厥傳》在記載胡人的喪葬習俗時說：「擇日取亡者所乘馬，及經服用之物，並屍俱焚之。」羌胡實行火葬的原因首先與游牧的生計方式有關，他們「所居無常，依隨水草。地少五穀，以產牧為業」[33]，對土地的依賴性沒有農業民族強，死後入土為安的思想也沒有農業民族突出。由於長期遷徙，過著游居的生活，對親人的屍體棄之不忍、攜之不能，火葬有效地解決了這方面的問題，很自然就成為游牧民族處理屍體的首選。此論點可以從南方其它民族那裏找到有力的旁證。例如，廣西大瑤山的瑤族在清朝年間也曾實行過火葬，清朝嘉慶年間的《廣西通志》對此曾有記載：「性好遷徙，家無蓋藏。人死則焚其骸，收盡置甕中藏之，謂之火葬。」這段話直接點明了瑤族的火葬是為了方便攜骨。而在信仰觀念上，對火的崇拜，即是對天空日月星辰的崇拜，從根本上說，即是對天神的崇拜。

　　以上事實表明，雖然在薩滿信仰裏面的天神崇拜思想突出，但由於人們的生計模式不同，他們總會根據自身所處的生態環境選擇不同的葬式：在半定居或者定居的農業時代，峽谷內的老百姓實行了岩洞葬、石棺葬與土葬等葬式，這些葬式的目的在於保存屍體，讓命魂有好的著落；同時，大量羊骨充當隨葬品，引導亡靈通往彼岸世界，讓這些亡靈在地界安樂生活。

　　居住在森林地區以狩獵採集為主要生計模式的人們實行樹葬。在屍體的安置方面，樹葬主要有「鳥巢式、樹架式、樹屋式和地架式」[34]四種。從這四種安葬屍體的方式來看，一方面是為了保存死者的屍體，實際上是為了更好地安置命魂，讓命魂在樹上安息；另一方面，

---

33 〔南朝・宋〕范曄：《後漢書》（北京市：中華書局，1986年），卷87。
34 參見夏之乾：〈從樹葬看樹居〉，《民族研究》1983年第4期。

屍體在樹上，靠近天，浮魂便可通過樹梯登天，化為太陽、月亮和星星，永世保祐子孫。

對於長期過著游牧生活的人群來說，為了適應遊動的生活實行了火葬。值得注意的是，在薩滿信仰觀念下實行的火葬與後來佛教信仰觀念下實行的火葬有本質的區別：薩滿信仰的火葬不以消滅屍骨為前提，相反，是為了適應游牧生活而採取的保存屍骨的一種方式。一方面，薩滿信仰的火葬要撿骨灰，攜帶行走，因為命魂在骨骼裏，保住骨灰就等於保護祖先的命魂不丟，《莊子》所謂的「羌人死，焚而揚其灰」便是這個道理；另一方面，通過火葬，浮魂沿著煙火順利昇天，這便是《墨子‧節葬下》所載的「聚柴薪而焚之，熏上，謂之登遐」（「登遐」，即「昇天之意」，指的是浮魂的昇天）。

三　死者北首：魂歸祖地的表達

在金沙江峽谷普遍盛行薩滿信仰的時代，峽谷內的羌胡民族的社會結構基本停留在氏族階段。於是，這種基於氏族集團建立起來的社會結構在死亡觀念上的反映便是魂歸祖地。

羌胡民族認為，一個人死後，其靈魂一定要回到祖先之處和祖先的亡靈在一起生活。這種現象今天還大量存在於那些源於循橫斷山脈南下的古羌人而發展起來的少數民族的風俗中。例如，在哈尼族的死亡觀念中，人死後亡靈將回到祖先那裏，「跟眾祖先一道共同生產、生活和娛樂。因此，他們送葬時要將死者生前的一切生產、生活用品，諸如土罐、碗筷、煙鍋、拐杖、蓑衣、篾帽，以及籮筐、鐮刀、樂器等物，置於墳邊為隨葬品」[35]。

---

35 毛祐全、李斯博：《哈尼族》（北京市：中華書局，1989年），頁120。

那麼，對於金沙江峽谷的羌胡民族來說，祖先在哪裏呢？事實上，由於這些民族大多有長途遷徙的經歷，心中不免產生對故土的思念，因此他們就發展了祖先在故土的喪葬觀念。對於這一點，我們可以參閱史料對吐谷渾的記載：

> 阿豺兼併氐、羌，地方數千里，號為強國。升西強山，觀墊江源，問於群僚曰：「此水東流，更有何名？由何郡國入何水也？」其長史曾和曰：「此水經仇池，過晉壽，出宕渠始號墊江，至巴郡入江，度廣陵入於海。」阿豺曰：「水尚知歸，吾雖塞表小國，而獨無所歸乎！」[36]

史料的最後一句透露了阿豺內心的失落與感傷。他向群僚感歎道：連水都有歸處，而我們這個塞外小國卻不知最後歸於何處。由此可知，阿豺的內心是十分矛盾的。它表明了這批鮮卑人的複雜心理——也許再也不可能往東返回遼東大興安嶺一帶了。而事實也的確如此：吐谷渾東臨西魏，南對梁朝，北靠柔然、高昌，唯獨西南還沒有出現統一的政治勢力，因此吐谷渾的拓展空間只能向西南。落葉歸根的觀念一旦在人們的頭腦中形成，就對送魂產生了一定的影響——人們把送魂的終點看成祖先曾經居住的地方，陰界與陽界在地理意義上出現了高度的吻合。

今天，西南地區許多藏緬語族的喪葬禮儀中都有送魂的習俗，人死以後在下葬前必須由本民族的祭師為他們一站一站地送魂。耐人尋味的是，所有的送魂路線都是由南往北送，而不是由北往南送，並且

---

36 〔唐〕李延壽：《北史》，（北京市：中華書局，1974年），卷96。

送魂的路線與真實的地名高度一致。[37] 最明顯的莫過於納西族，在他們的送魂儀式中，「一般都要請東巴巫師來為死者『開喪指路』，將死者送回祖先故地，一直送到木裏無量河以北方向」[38]。

眾所週知，氐羌、胡人等民族循橫斷山脈南下的時代也是一個創造神話的時代，其送魂路線即是他們由北往南遷徙的歷史寫照，也促使這些民族創造冥界在北方的觀念信仰。誠如《楚辭‧天問》所說：「天之西北，有幽冥無日之國。」在這裏，「幽冥無日之國」指的是沒有太陽的地方，即冥界。

值得一提的是，這裏的冥界不等於鬼界。由於薩滿發跡於「立君長，無相長一」[39]的「均富」時代，階級、貧富的對立沒有那麼明顯，因此薩滿信仰的「冥界」觀念表現的是一種樸實的自然觀。在薩滿的冥界裏面並沒有等級之分和窮富之別，每個靈魂都能平等生活。換言之，冥界並不意味著那裏只住著鬼，那裏也住著神。

第三節　苯教時代的喪葬文化：生命復活

一　苯教信仰：多重靈魂的外寄

衛藏地區早期的原始宗教一般被稱為「黑教」、「苯教」、「本教」或「苯波」，「苯」這個詞含有「念念有詞」之意。[40]其特點表現為擁

---

37 參見陳東：《西南民族中的「送魂」習俗研究》（成都市：四川大學歷史系碩士論文，2005年）。

38 王文光、薛群慧、田婉婷：《雲南的民族與民族文化》（昆明市：雲南教育出版社，2000年），頁168。

39 〔南朝‧宋〕范曄：《後漢書》（北京市：中華書局1986年），卷87。

40 參見霍夫曼著，李翼誠譯：〈西藏的本教〉，《西藏研究》1986年第3期。

有神秘性的咒語。從藏族苯教的發展史來看，苯教的興盛與王權密切
相關。

　　由於苯教是基於階級社會發展起來的宗教，並得到王權的支持，
因此具備濃厚的等級意識。這一點在苯教的「宇宙觀知識體系」中有
明顯的表現：苯教將世界分為天界、中空和下界，天界又可進一步分
為七層，而下界分為三層或六層，每一層居住著等級不同的神，居住
位置越高的神其統治的能力就越大。苯教的信仰體系裏一般認為，天
上住著的是贊神，是善良的，它們主管世間萬物，保護人類；陸地上
住的是年神，似善非善，喜怒無常，它既可以給人類帶來厄運，也可
以給人類帶來幸福；而水中住的魯神則是世間一切不幸的源泉。[41]

　　苯教的靈魂觀念也是有等級的，「靈魂」這個詞在藏語中用「喇」
（bla）來表示。在苯教看來，「喇」是最根本的生命體，它決定人的
元氣和壽命。因此，若想傷害一個人，就必須要傷害它的「喇」，只
有「喇」死亡了，人才會死亡。在這種信仰觀念的支撐下，人們為了
保護自己的生命，就發展出了「靈魂外寄」的思想：人們可以通過巫
術手段使靈魂出竅，離開人的身體，到一個安全的地方寄存，這樣就
能夠確保生命的安全；只要寄存靈魂的物體不被敵人發現，那麼身體
任由敵人怎麼傷害都沒事。在藏族民間的長篇史集《格薩爾王傳》裏
面就提到了魂命牛、魂命魚、魂命鳥、魂命蜂、魂命馬、魂命虎等，
在發生戰爭的時候，雙方都將各自的靈魂寄存在這些物體上，以使自
己有金剛不壞之身。雙方在打鬥時並不急於攻擊對方的肉體，而是想
盡一切辦法找到對方靈魂所寄之處，先將這些物體毀壞，殺死靈魂，
然後才攻擊對方。[42]但是，要想殺死靈魂並不容易，因為人的靈魂不

---

41 參見丹珠昂奔：《藏族神靈論》（北京市：中國社會科學出版社，1990年），頁6-15。
42 參見王沂暖譯：《格薩爾王傳：世界公桑之部》（蘭州市：甘肅人民出版社，1983
　年）。

是只有一個，而是有很多個，並且這些靈魂同時可以存放在幾個不同的地方。《格薩爾王傳》裏面講到格薩爾王與北方魔國的魯贊王打鬥時發現魔王的靈魂就有九個之多，分別存放在海洋、大樹和野牛的身上，靈魂的威力無比強大，導致力大無窮的格薩爾王竟然搬不動魔王的腳，後來格薩爾王在天母的授意下一個個搗毀了他的寄魂物才徹底把他戰敗。[43]這些觀念反映了魂命物與個人的生命是彼此相連的，這便是外寄的靈魂控制人的生命體之明證。

在苯教信仰裏面，不僅活著的人有靈魂，人死以後到另外一個世界生活也需要靠靈魂，但是人死以後的那些靈魂與活著的人的靈魂不相同，它們被稱為 bstan。bstan 接近一種觀念意識，一般認為它們是被殺死的「喇」變成的，它不能上天界，更不能下地界，只能在中空遊蕩，時間久了就會變成一種專門害人的精靈。所以，「靈魂在人活著的時候可以離開軀體遠遊，並能寄附在某種物體之上，但在人死亡之後，就變成了 btsan，表明『喇』已消亡，而以 btsan 的形式存在，是一種質的轉化」[44]。

特別需要強調的是，苯教是基於王權社會發展起來的宗教信仰，在苯教發展的同時，吐蕃社會以生產力為基礎而發展起來的階級分化已經十分明顯，人世間存在著巨大的貧富差距，這種現象也同時投射到人們觀念中的陰間場所。所以，對於活人來說，並不是每個人都有「喇」的。一般來說，只有貴族階層、奴隸主才有「喇」，廣大的平民百姓根本就沒有「喇」。

與靈魂觀相聯繫的是苯教的死亡觀。在這方面，法國學者石泰

---

43 參見馮智：《慈悲與紀念──雪域喪葬面面觀》（西寧市：青海人民出版社，1998年），頁15。

44 謝繼勝：〈藏族薩滿教的三界宇宙結構與靈魂觀念的發展〉，《中國藏學》1988年第4期。

安、挪威學者克瓦爾耐在這方面的考證工作非常出色。他們對苯教主持的喪葬儀式存在大量動物祭祀的現象進行研究，並歸納出苯教的死亡觀，藏族群眾相信有兩個死人的地界。一個是人和動物過連續不斷的安樂、富足生活的地界，另一個是黑暗、苦難的地界。在人世周期結束時，那些曾在「安樂地界」生活的人們便要復活，重新在這一世界裏生活。[45]如果我們將這種觀念與當時吐蕃的社會結構結合在一起考慮，不難得出一個結論，即苯教信仰之下的死亡世界事實上就是人們在觀念上對吐蕃農奴制階級社會現實的移植。

二 苯教葬儀：生命復活的表達

苯教是一個十分重視喪葬的教派，有所謂「三百六十種送葬法」、「四喪門法」等等。[46]解讀有關文獻關於苯教對屍體的處理方式，大致可以歸納出三點。

第一，苯教宣導保護屍體，並由此發展了一套比較成熟的防腐術。

> 羊同……其酋豪死，抉出其腦，實以珠玉，割其藏，易以黃金，假造金鼻銀齒，以人為殉，卜以吉辰，藏諸岩穴，他人莫知其處。[47]
>
> 蘇毗……貴人死，剝取皮，以金屑和骨肉置於瓶內而埋之。經

---

45 參見〔挪威〕克瓦爾耐著，褚俊傑譯：〈苯教及其喪葬儀式〉，《西藏民族學院學報》1988年第1、2期；〔法〕石泰安：〈敦煌吐蕃文書中有關苯教儀軌的故〉，《國外藏學研究譯文集》（第四輯）（拉薩市：西藏人民出版社，1998年）。

46 參見善慧法日著，劉立千譯：《宗教流派鏡史》（油印本）（蘭州市：西北民族學院，1978年），頁185-191。

47 〔北宋〕王欽若等：《冊府元龜》卷961「外臣部」（鄭州市：中州書畫社，1985年）。

一年，又與其皮納於鐵器埋之。[48]

雅隆……大王止貢贊普之時，請來達瑟、阿豺的本波，他們用
兩構黑石同肢解了的肉塊和成一團，將死人皮從灰白色的魂之
所依（指屍體）上裁割下來。[49]

可見，在苯教觀念下，剖屍是處理屍體的核心，但苯教剖屍的目
的並不是為了銷毀屍體，而是出於保護屍體所進行的防腐工作。

第二，苯教宣導大葬，在下葬之前有很長的一段停柩時間。在敦
煌出土的吐蕃歷史文書 P T.1042 卷中有一個與屍體處理相關的
詞──mdad，即「大葬」的意思，在第 20 節乙（第 8186 行）還講
述了這個動作所發生的時間──「大葬要在死後第三年進行」。[50]《隋
書・附國傳》說：「死家殺牛，親屬以豬酒相遣，共飲啖而瘗之。死
後一年而大葬，其葬必集親賓，殺馬動至數十匹。」

第三，這些保護屍體的做法只限於貴族統治階層。上述文獻中談
到「酋豪」、「貴人」、「大王」、「贊普」等詞就是明證。之所以這樣，
是因為苯教的產生與發展是依賴王權的，因此苯教在根本上是為統治
階級服務的。因此，我們在文獻中看到的只是貴族階層隆重的喪葬儀
式，一般的平民階層不在此列，因為這些人「沒有靈魂」。

事實上，針對貴族統治階層所做的屍體防腐、停柩大葬，其目的
就是寄希望於死去的外寄的靈魂重新回到人的軀體內，這裏的邏輯就
是借屍還魂、靈魂復活的苯教死亡觀。「這種早在聶尺贊普以前就已

48　〔唐〕李延壽：《北史》卷97（北京市：中華書局1974年）。

49　褚俊傑：〈吐蕃本教喪葬儀軌研究（續）──敦煌古藏文寫卷P.T.1042解讀〉，〈五部
　　遺教・國王遺教〉，《中國藏學》1989年第4期。

50　參見褚俊傑：〈吐蕃本教喪葬儀軌研究（續）──敦煌古藏文寫卷P.T.1042解讀〉，
　　《中國藏學》1989年第4期。

流傳於西藏的苯教，名為『附體本』，它是在原始宗教思想的基礎上
產生的，崇奉五界神、地方神、守舍神、戰神、娘舅神等不同神祇，
要殺奶牛、山綿羊、鹿等牲畜祭祀這些神，認為不但人死後可以轉生
為鬼神，神死後也會轉生為人。」[51]所以，在苯教的祭祀中經常伴有
大量的還陽術，苯教的巫師一般要獻各種各樣的祭品給屍體，如酒、
糧食、朱砂和黃金等。「御用辛和鞫本波在寶馬等牲口上蓋幾層紙，
此後到墓室去。其次序是：王家御用辛和兩個供獻本波共三個人領
頭，其後是彩結線，其後是內府乳品桶，其後是食物，其後是左右兩
邊的供食袋，其後是（死者）塑像，其後是魂像，其後是屍像，其後
是『溫洛』，到墓室後，由侍者依次致禮，然後供上酒碗，不能搞
亂。」[52]

　　從敦煌出土的吐蕃歷史文書記載來看，苯教的還陽術主要是通過
追求「動物祭祀」與「人殉」的龐大場面來實現的。《舊唐書》在記
錄吐蕃贊普的喪葬儀式時曰「其贊普死，以人殉葬，衣服珍玩及所乘
馬弓箭之類，皆悉埋之」[53]即是明證。至今，在西藏山南瓊結地區發
現的吐蕃名王松贊干布的陵墓裏就葬有他征戰時穿過的金盔甲，隨葬
品中還包括數十斤的珍珠珊瑚神像、純金騎士和戰馬，顯示了苯教所
主導的送魂儀式之輝煌。

　　其實，這種動物祭祀與人殉制度在許多奴隸社會的喪葬儀式中都
有所體現，比如中原夏商時期就存在嚴格的人殉制度。毫無疑問，從
社會制度上看，這是苯教與王權相結合統治吐蕃社會的現實反映：當

---

51 東嘎・洛桑赤列著，郭冠忠、王玉平譯：《論西藏政教合一制度》（拉薩市：西藏人
　　民出版社，2008年），頁22。

52 褚俊傑：〈吐蕃本教喪葬儀軌研究——敦煌古藏文寫卷P.T.1042解讀〉，《中國藏學》
　　1989年第3期。

53 〔後晉〕劉昫：《舊唐書》卷196（北京市：中華書局，1975年）。

時的吐蕃是一個農奴社會，奴隸沒有人身自由，形同動物一般，僅僅
是貴族階級的財產，因此在貴族的喪葬儀式中，他們將這些財產作為
隨葬品，反映了現實的財產私有觀念。當該葬式披上苯教「生命復
活」的外衣以後，這種觀念就得到進一步強化。敦煌出土的一份吐蕃
歷史文書 P.T.113 中所載的「遮庇羊瑪爾瓦，你是沒有父親的人的父
親，是沒有母親的人的母親，給一口草吃，使死人復活，給一口水
喝，使贖回（人的靈魂）」[54]就是這種死亡觀的表現。

　　由於苯教「靈魂復活」的觀念非常普遍，其指導下的喪葬儀式就
是圍繞靈魂復活而展開的。由此不難理解，貴族階層的喪葬儀式中體
現了保護屍體的特點，即對屍體進行防腐處理，然後掩埋——因為這
些人在人世結束的時候都會「復活」。然而，對於廣大的平民奴隸階
層來說，由於他們沒有靈魂，就不存在「復活」之說，於是他們的喪
葬體現的就是銷毀屍體的特徵，即把屍體扔到野山溝或者江河中。

三　等級觀念：苯教對峽谷喪葬的影響

（一）苯教傳入金沙江峽谷

　　由於苯教信仰在吐蕃軍民的觀念中根深蒂固，《舊唐書》在記載
唐肅宗至德元年的唐蕃會盟時說：「將詣光宅寺為盟寺，使者云：『蕃
法盟誓，取三牲血歃之，無向佛寺。』明日復於鴻臚寺歃血，以申蕃
戎之禮。從之。」[55]唐蕃會盟發生的年代是公元 787 年，而此時佛教早
已經在吐蕃腹地流傳開了，然而吐蕃與唐朝結盟時仍然使用傳統的苯

---

54 褚俊傑：〈吐蕃本教喪葬儀軌研究（續）——敦煌古藏文寫卷P.T.1042解讀〉，《中國
　　藏學》1989年第4期。
55 〔後晉〕劉昫：《舊唐書》卷196（北京市：中華書局，1975年）。

教儀式，可見苯教在傳統吐蕃社會中的影響是很強大的。

苯教的作用還體現在軍事中，事實上，吐蕃在東擴過程中就非常重視對苯教的利用。在軍隊的機構設置中，「每千戶有一個大的苯教巫師，稱『拉本波』，每一個戰鬥小組有一個小巫師，稱『拉巴』，即苯教中祝神之巫師。這兩種巫師的分工是很明確的。『拉本波』的任務是主持各種隆重的敬神儀式，『拉巴』的任務是隨時請神幫助戰勝敵人」[56]。據有關史書記載，自松贊干布時代起，吐蕃王朝曾先後數次派遣衛藏的士兵數十萬人，駐守在武都、南坪、松潘及嘉絨一帶，這些士兵大多信奉苯教。公元 7 世紀以後，大批信奉苯教的衛藏士兵進入武都、平武及嘉絨地區。吐蕃當時派駐各地的士兵中，每一部分都隨附苯教巫師，苯教就這樣傳入了阿壩藏區。[57]所以，苯教向金沙江峽谷傳播的途徑之一與吐蕃的軍事擴張有關。

苯教傳入金沙江峽谷的另一種方式源於公元 8 世紀赤松德贊的「揚佛滅苯」事件。當時，赤松德贊支持佛教，對苯教徒大下殺手，大批苯教徒向東逃亡。在這一過程中，一些苯教徒東越金沙江峽谷，一些人則沿金沙江峽谷南下，將多部經書帶至峽谷中，並以此為據點傳播教義。

筆者在德欽的羊拉鄉進行田野調查期間，就多次聽當地的老年人說，他們的祖先在某個隱秘的山洞中發現伏藏經書。在羊拉鄉南部的茂頂村，佛教信仰氛圍相對濃厚。筆者在這個村莊中發現相當多與佛教有關的摩崖石刻。例如，在茂頂丹達河兩岸海拔 2,536 公尺的石崖壁上，約 1,000 平方公尺大的面積就密密麻麻地刻滿了「六字真言」和無數的藏文經咒。在距離丹達河 500 公尺處的一座山的石崖上還發

---

56 格勒：〈藏族本教的巫師及其巫術活動〉，《中山大學學報》1984年第2期。

57 參見阿旺：〈阿壩藏區苯佛二教考略〉，《西藏民族學院學報》1983年第4期。

現了兩尊佛像。其中一尊是 90 公分×100 公分的釋迦牟尼的石刻像，另一尊是 90 公分×110 公分的長壽佛像，兩尊像是刻在石崖上的，造型精美。據當地人說，這些雕刻年代久遠，是當時逃難而來的佛教徒悄悄刻的。阿壩縣桌登活佛蘭卡旦珍在《阿壩地區苯教傳入歷史》一文中指出：「阿壩地方的苯教是按西藏—康藏—大渡河—廣法寺這條路線沿江上傳，從大小金川傳播到讓塘、瑪律康、阿壩草原各地的。[58]這條路線實際上也就是苯教沿金沙江峽谷傳播的路線。

（二）苯教信仰對峽谷喪葬文化的改造

　　學術界普遍認為，苯教是從薩滿教階層中發展起來的。[59]「從性質、作用、宇宙觀、崇拜、儀式、占卜、服飾、法器諸方面，對西藏地區的本教同薩滿教做了一些比較。由此，可以清楚地看到本教在很多方面同薩滿教有所重合。本教可以說確是薩滿教在西藏地區的表現形式……本波，顯然是古代藏族的薩滿。」[60]正因為如此，苯教傳入金沙江峽谷以後，很快取代了原來的薩滿信仰，苯教的等級觀念也全面滲透到峽谷內的葬式與喪俗當中，引發峽谷喪葬文化的變革。

1 數字對死亡有特別意義

　　苯教的等級觀念被移入年齡裏面，使峽谷內發展了一套依據年齡評判死亡的標準。人們對待年幼夭折者和年長死者的態度明顯不同。文獻上記載的「年八十以上死者，以為令終，親戚不哭，少而死者，

---

58 轉引自楊明〈四川藏族地區的本波教〉，《藏學研究論叢》（第二輯）（拉薩市：西藏人民出版社，1990年）。

59 參見〔奧〕勒內・德・貝內斯基・沃傑科維茨著，謝繼勝譯：《西藏的神靈和鬼怪・導言》（西藏：西藏人民出版社，1993年）。

60 常青霞：〈論西藏本教的類屬〉，《藏族史論文集》（成都市：四川民族出版社1988年），頁198-199。

則云大枉,共悲哭之」[61]便是這種觀念的真實寫照。峽谷內也因此發展了針對這兩個年齡段死亡的人而實行的不同葬式。譬如,一些地方對夭折的小孩實行樹葬、水葬,對年老而死的實行居室葬。

由於年齡的計算涉及數字,因此,每個阿拉伯數字在苯教中所代表的文化內涵對於喪葬文化就顯得非常重要。比如各地普遍在送葬的時候遵循「單數去,雙數回」的習俗[62]。在苯教看來,一些數字還具有神聖的意義,譬如 13 就是一個神聖的數字。苯教認為宇宙有 13 重天;在苯教的民簡史詩中,格薩爾王也是在 13 歲那一年登基稱王的。這些觀念在峽谷內一直持續至今,目前峽谷內就有專門針對 13 歲逝世的人所實行的葬式。與此相反,9 被視為一個不吉利的數字,人們相信人逢 9 會出現過不去的坎,9 逢雙更不好。例如,81 歲死亡就被認為是一種很差的死亡,人們說這個歲數死亡的人會變成魔鬼。因此,在苯教氛圍濃厚的三岩地區,81 歲的老年人死亡是一種很差的死亡,這類屍體通常被安葬在潮濕陰冷、不見光日的一樓牛圈中。其埋葬方式非常特別:「先在牛圈裏挖一個坑,要挖到九層土,相當於一口井的深度,捆縛死者的繩子要打九個結,屍體置於坑中時頭向下,表示亡者在九層地獄下面永世不得翻身。安葬時,土坑內要象徵性地放上九根獨木梯,每向坑中填上一層厚土,就要放上一層荊棘。掩埋完畢,有時還要在地面鋪一層荊棘,扣上一口銅鍋,而銅的性質被認為比鐵還要避邪。」[63]

---

61 〔唐〕李延壽:《北史》卷96。關於白狼與党項的關係,一般認為党項羌可能最早是白狼這一大部落的聯盟的一部分,故風俗相同。(參見陳英慶〈西夏與藏族的歷史、文化、宗教關係試探〉,《藏學研究論叢》(5),西藏:西藏人民出版社,1993年,頁9。)

62 送葬隊伍的人數是單數,這時把死者算在裏面,待葬了死者以後,回來的人數則剛好變成雙數。

63 堅贊才旦:〈再論三岩藏族的居室葬〉,《中國農業大學學報》2010年第4期。

　　受苯教死亡觀與靈魂復活觀的影響，峽谷內的各種葬式充斥著動物祭獻和人殉等場面，甚至火葬也不例外。火葬原本是游牧民族羌胡的傳統風俗，在原始薩滿時代，火葬不分貴賤，但是他們在南遷的過程中不斷與別的民族發生衝突，以尚武求生，養成了「強則分種為酋豪，弱則為人附落，更相抄暴，以力為雄；殺人償死，無他禁令；以戰死為吉利，病終為不祥」[64]的民族性格。一旦戰死沙場，酋豪若按傳統的方式實現火葬，也需要大量的動物或人陪葬。《青史》中說的「往昔扣香地方有人死後亡者屍體同殉葬活人六七人屍起火焚之規」就是明證。這種做法無形中把不分貴賤的火葬抬到了一種「光榮」的層面上，這些觀念在今天的峽谷內仍有保留。例如，金沙江峽谷三岩地區的某些村落，當地人認為年輕人意外死亡是一種不好的死亡，不能實行火葬，但是，如果是為了「帕措」的利益鬥毆而死亡的人則可實行火葬。

2　土葬為貴、水葬為賤

　　苯教傳入峽谷以後，峽谷內的各種葬式被鑲上了等級的色彩，不同的葬式有了高下之分。其中有兩點表現得非常明顯：土葬取代石棺葬、岩洞葬成為峽谷內一種高級的葬式；與此相反，水葬則成為峽谷內一種低下的葬式。

（1）土葬的流行與石棺葬的消失。

　　由於吐蕃是一個發跡於西藏山南雅隆河谷地區的政權，氣候適宜發展農業，而農業民族在喪葬方式上一早就實施了土葬。當苯教發展起來以後，土葬又受到苯教前所未有的推動，逐漸受到上層貴族的青

64　〔南朝・宋〕范曄：《後漢書》卷87（北京市：中華書局，1986年）。

睞。《白史》說：「略謂墓內分九格，中央亦置贊普之屍體，以金塗飾，實以財物。令所有內臣守護其墳。彼及眷屬，皆佩戴亡者標誌。不准與王嗣生者相值。若有牛羊跑近周邊，被彼所捉，亦係以死者標誌，不更還其主。每年祠祭時，先鳴號聲，同時彼等即當逃亡深谷隱蔽。及贊普等祠祭完畢，去後，方還間，收集其祭品而享用之。」[65]

隨著吐蕃東擴佔領金沙江峽谷，土葬逐漸成為峽谷內流行的葬式，吐蕃統治階級將這種「高貴」的葬式植入羌胡「以戰死為吉利」[66]的信仰當中，為那些戰死沙場的士兵大興陵墓，以此作為對他們攻打唐朝的獎勵。《新唐書・吐蕃傳》在記載那些受吐蕃王室嘉獎的軍人之墳時道：「山多柏，坡皆丘墓，旁作屋，赭塗之，繪白虎，皆虜貴人有戰功者，生衣其皮，死以旌勇，殉死者瘞其旁。」[67]可見，這些墳墓的氣勢是十分龐大的。這種觀念的持續發展對金沙江峽谷的石棺葬產生了深遠的影響。

如前所述，石棺葬由西北氐羌系統傳入金沙江峽谷，傳入以後成為峽谷地區人們共同使用的基因庫。比如，「兩漢時期本地區石棺葬文化中加入了大量的北方游牧民族的文化因素，特別是金面具、青銅牌飾和青銅鹿、羊的發現」[68]。這表明由白狼、盤木帶來的石棺葬文化很明顯被北方游牧民族借鑒了，或者是白狼、盤木借鑒了北方游牧民族的文化。石棺葬的起止年代是「春秋戰國一直到兩漢晚期」[69]，這個下限大體相當於吐蕃控制金沙江峽谷的時間[70]。所以，有理由相

65 根敦群培著，法尊大師譯：《白史》（譯本）（蘭州市：西北民族學院研究室），頁32。

66 〔南朝・宋〕范曄：《後漢書》卷87（北京市：中華書局，1986年）。

67 〔北宋〕歐陽修、宋祁：《新唐書》卷141（北京市：中華書局，1985年版）。

68 陳衛東：〈2005年度康巴地區考古調查報告〉，《四川文物》2005年第6期。

69 童恩正：〈近年來中國西南民族地區戰國秦漢時代的考古發現及其研究〉，《考古學報》1980年第4期。

70 參見〔北宋〕歐陽修、宋祁：《新唐書》卷141（北京市：中華書局，1985年）。公

信，土葬的興盛是導致石棺葬最終消失的原因。理由不外乎兩點：首先，從觀念上看，土葬當時是一種高貴的葬式，在吐蕃貴族中流行，當這種葬式被吐蕃統治者推行時，它受大批民眾傚仿是很自然的。其次，從實現條件上看，如果實行石棺葬，要費很大的力氣去尋找石頭，並且還要製作石板，而實行土葬只需要挖穴即可，明顯比石棺葬方便。綜合這兩種因素，隨著吐蕃佔領金沙江峽谷，被「蕃化」的民眾棄石棺葬而接受土葬是順理成章的事。

（2）懲罰性的水葬在峽谷興起。

與土葬成為高級的葬式相對應，水葬則成為一種低下的葬式。事實上，藏族的水葬自出現以來就已經呈現兩極分化的狀況，這種分化與人們所處的不同經濟文化類型相關。考古人員在挖掘藏東昌都卡若遺址時發現了一個有趣的現象，這個遺址地處有豐富魚類資源的瀾滄江流域，但是並沒有任何魚骨或者捕魚工具出土。與此相反，地處藏南雅隆河谷的曲貢文化是農業經濟類型，那裏卻出土了大量魚骨和魚刺。所以，藏族部分祖先吃魚或不吃魚的分化在遠古時代就已經出現了。[71]《賢者喜宴》記載的一則傳說很能說明這一點。據說吐蕃的贊普赤年松贊曾從達布地區迎娶一位妃子，但那位妃子卻因為吃不到魚而變醜，赤年松贊知曉此事後派人到達布取魚給這位妃子吃，她立即恢復了美麗的容貌，但赤年松贊吃了以後卻立即染上了疾病。[72]這個故事表明了吐蕃王室有不吃魚的傳統，而這種傳統很明顯與苯教信仰

元634年，松贊干布因怒吐谷渾離間其與唐之關係，致使唐朝不允和親之請，出兵擊吐谷渾，吐谷渾不支，走青海之北。吐谷渾地理位置在金沙江之東北，因此，吐蕃控制金沙江峽谷一帶的時間最晚不會超過634年。

71 參見石碩：《西藏文明東向發展史》（成都市：四川人民出版社，1994年），頁32。

72 參見巴臥·祖拉陳哇著，黃穎譯：《〈賢者喜宴〉摘譯》，《西藏民族學院學報》1980年第4期。

有關。這是因為苯教認為水裏住著龍神，而龍神是人世間災難的來源之一。

這從側面說明了兩個族群對水葬持有的不同態度：前者將水葬視為一種正常的葬式；後者卻將水葬視為一種低賤的葬式，專用於葬那些患傳染病的人。從《賢者喜宴》的記載來看，吐蕃王室很明顯屬於後者。這種觀念在苯教受世俗王權支持以後得到進一步加強。換句話說，苯教是不支持水葬的，它把水葬當作一種懲罰政敵的手段，這一史事在敦煌出土的吐蕃歷史文書 P.T.1287《贊普傳記》中有明確記載：「止貢贊普亦於彼時遇害，屍骸置於有蓋能啟的銅匣之中，拋於藏布大江之中央。」[73]眾所週知，止貢贊普遇害，就是因為他支持了一種與苯教為敵的宗教。[74]當苯教傳入金沙江峽谷以後，這一觀念得到了強化，並在一些地區特別是在苯教遺風濃厚的牧業區延續至今。

簡而言之，8 世紀以後，金沙江峽谷在地緣上已經和吐蕃腹地連成一片，不斷接受來自吐蕃腹地的文化餘波。在吐蕃統治金沙江峽谷以後，峽谷內的鮮卑、羌胡等族系先後實現了「蕃化」，無論在生活方式還是在文化信仰方面都與吐蕃腹地一致。從 8 世紀起，峽谷內的原始薩滿信仰讓位於苯教，苯教迅速在峽谷壯大起來，其在峽谷內的統治地位長達 4 個世紀，一直持續到 12 世紀藏傳佛教的後弘期。

---

73 轉引自陳踐、王堯《敦煌本吐蕃歷史文書》，（北京市：民族出版社，1992年），頁157。

74 參見孫林：〈西藏傳說時代的「絕地天通」事件與苯教的制度化〉，《西藏民族學院學報》2007年第6期。

第三章
天葬文化模式：彌漫著等級色彩的輪迴

第一節　青海巴塘鄉：一個高原牧業區

　　筆者從海拔 2,295 公尺的青海省省會西寧出發，沿 214 國道北線一路西行，7 小時以後翻越海拔 4,499 公尺的鄂拉山，10 小時以後再穿越海拔 5,200 公尺的巴顏喀拉山，再往西繼續行駛 5 小時以後就來到了青海、四川與西藏交界地帶——玉樹縣。

　　玉樹，藏語發音系「王朝遺址」之意，在當地老百姓口口相傳的民間說法裏面，此地即為格薩爾王王妃珠姆誕生的地方。近年來，考古人員在通天河兩岸挖掘出 7 處舊石器時代的文化遺址，以無可爭辯的事實證明了玉樹史前時代就有人類活動。[1]西周末年，古羌人迫秦兵之威，從更北的青海湖南遷至玉樹，他們隨後在通天河創造了聞名的多彌國與蘇毗國。[2]多彌國盛產黃金，故《新唐書·西域傳》曰「多彌……號難磨，濱犂牛河，土多黃金」；蘇毗國是基於母系建立起來的國家，擁有與眾不同的女兒文化，故《新唐書·蘇毗傳》說「女王之夫，號曰金聚，不知政事」。8 世紀前後，多彌與蘇毗先後被吐蕃吞併，居民全部實現蕃化。

1　參見《青海省志·文物志》編纂委員會編《青海省志·文物志》（西寧市：青海人民出版社，2001年），頁59。

2　參見《玉樹藏族自治州概況》編寫組《玉樹藏族自治州概況》（北京市：民族出版社，2008年），頁28。

吐蕃王朝崩潰後，玉樹進入封建勢力割據時代，直到元朝統一全國，玉樹才重歸中央王朝的統治。1911 年，武昌事起，清帝退位，軍閥割據再現，甘川兩省為了爭奪玉樹地區管轄權不惜兵戎相見[3]，玉樹再次引起了政府的重視。民國十八年（1929 年）青海建省，國民政府設玉樹縣，從此，玉樹縣的名字沿用至今。

一　高寒的巴塘高原

　　本書的第一個田野點是位於玉樹縣的巴塘鄉，巴塘鄉緊靠玉樹縣政府所在地結古鎮，兩地政府距離僅 40 公里，驅車半小時左右便可到達。

　　就地理位置而言，巴塘鄉位於金沙江西岸，其東面與四川省石渠縣的真達鄉、奔達鄉隔金沙江相望，東南面與西藏昌都的江達縣接壤，西面接壤的則是玉樹縣的小蘇莽鄉、下拉秀鄉與上拉秀鄉。據2010 年鄉政府的統計資料，全鄉面積 2 108 平方公里，轄上巴塘、鐵力角、下巴塘、相古、岔來、當頭、老葉 7 個牧委會，全鄉共有牧民2 585 戶 9 092 人，幾乎全部屬於藏族。

　　上溯更早的歷史，巴塘鄉一帶曾屬紮武族的游牧之地。據民國學者周希武的調查，紮武部落的游牧邊界如下：

> 　　東以朝午拉山與川邊鄧科縣為界，南與川邊同普縣為界，西與
> 蘇爾莽、拉休、迭達為界，北以通天河與迭達及加迭格桑咱

3　1913年，川邊經略使尹昌衡奉命進軍西藏，路過玉樹時向北洋政府報告「隆慶二十
　　五族屬外化之民，願歸川管」，中央政府不知隆慶即為玉樹，遂做出「隆慶歸四
　　川，玉樹歸甘肅」的答覆，引發川甘兩省為爭奪玉樹管轄權大動干戈。

（紮）曲河流域諸族為界。[4]

　　按照這個範圍[5]，今天巴塘鄉的東面地界與紮武部落游牧的東邊地界基本一致。很顯然，東面的金沙江成為部落與部落的天然分界線，西面與南面地界也與紮武部落大致相同；但是，巴塘鄉的北面很明顯比紮武部落游牧的北界要小得多，歷史上的紮武部落北面游牧之地不僅包括結古、仲達，甚至一度到達稱多縣的歇武鎮等地。

　　就地形走勢而言，巴塘鄉東臨川西山地，南接橫斷山脈北段，西近高原主體，北靠通天河。整個鄉的地勢由北往南傾斜：最高處為上巴塘（海拔 4,500 公尺），最低處是金沙江入口的當頭村（海拔高度為 3,350 公尺），整個鄉平均海拔 4,000 公尺。境內的大多數高山皆屬北部崑崙山脈向南的延伸，其中屬唐古喇山脈系列的高山一路南沿，入四川鄧科，折南為雲嶺山脈。這一系列的山脈海拔都在 5,000 公尺以上，山頂終年積雪。這種地理環境造就了巴塘典型的濕冷高原氣候。筆者在田野調查期間感受到的是，此地氣候晝夜溫差大，中午感覺悶熱，晚上蓋棉被還覺得寒冷，似有「一日過兩季」之感。在當地人的觀念中，無春夏秋冬之分，只有暖季與冷季之別。暖季大約是從每年的 3 月到 10 月，而冷季指的是每年的 10 月到翌年的 2 月。冷季的平均氣溫在 -5℃ 以下，而暖季的平均氣溫則為 14℃ 左右，年平均氣溫為 2.9℃。[6]

　　濕冷高原氣候極大地制約著巴塘鄉村民的生產，巴塘鄉的藏族群

---

4 周希武，吳均校釋：《玉樹調查記》（西寧市：青海人民出版社，1986年），頁26。

5 引文中所指的朝午拉山即今天的唐古喇山，四川鄧科縣已經改為鄧科鄉，同普縣即今天西藏江達縣的同普鄉，蘇爾莽就是今天玉樹的小蘇莽鄉，拉休即今天的上拉秀鄉與下拉秀鄉，迭達即玉樹仲達鄉。

6 參見編寫組：《玉樹藏族自治州概況》（北京市：民族出版社，2008年），頁8-11。

眾就是根據他們暖季與冷季的迴圈交替不斷調整自身的生產和生活
的，他們注定選擇一種與金沙江其它河谷地區完全不同的生計模式。

二、以牧業為主的生計模式

　　巴塘鄉靠近通天河的地區有小塊土地可以農耕，但是這裏的藏族
群眾對農耕並沒有表現出太大的興趣。筆者在田野調查期間，發現大
量農田被丟棄。在報導人看來，巴塘鄉藏族群眾歷來就不會種田。翻
閱文獻，民國年間關於玉樹方面的許多調查報告證明了報導人所言非
虛。例如，黎小蘇在〈青海之經濟概況〉一文中敘述巴塘鄉一帶的經
濟時就寫道：

> 紫武三族種收田禾……收穫只按次序，不論生熟。如自東而西
> 收穫，雖東方尚青，西方早熟，亦須先東後西。犁田時以橫木
> 縛於兩牛之角，中用長木引犁，只知用角力，而不知用肩力。
> 至耕種地段，因土曠人稀，務農者少，故隨意耕種，各不相
> 連，亦不方整，且歲易其處，甚至一易再易。間用馬糞為肥
> 料，永不鋤草。[7]

　　巴塘境內雖無原始森林，但是有成片的牧場，這些牧場是牧民們
理想的天然放牧場地。目前，對巴塘鄉的藏族人來說，游牧是他們主
要的生產方式，飼養的品種主要有犛牛、馬、藏係綿羊和山羊等，其
中犛牛最多。其實，「巴塘」一詞在當地藏語的發音中就是「犛牛
頭」的意思，因此巴塘人在長期與牛為伴的生活中形成了濃厚的「犛
牛情結」。

7　黎小蘇：〈青海之經濟概況〉，《新亞細亞》1934年第8卷第1期。

　　在牧民的眼裏，犛牛一身都是寶，如犛牛的毛是牧民用來制繩的重要原料。普遍情況下，每頭成年的犛牛一年可生產 2 斤重的毛，用犛牛毛編織的繩耐用、結實，可做渡通天河用的溜索。犛牛皮則是藏族人製作各種腰帶、藏靴的原料。藏族人平常住的帳篷也是用犛牛皮製成的，他們將曬乾的幾張犛牛皮縫在一起就可以製作一張精美的篷布；用犛牛皮搭建的帳篷美觀而且耐用，遮風避雨一點也不遜於樓房，這些篷布可用 15 年之久。犛牛糞是人們日常生活中最重要的燃料。藏族人經常清晨就提著籃子出發，把撿到的牛糞帶回來放到自家院子裏曬乾。筆者在田野調查中親眼目睹，有些家庭院子裏堆滿了曬乾的牛糞，竟達 10 公尺之高。每年年底，每個家庭都會殺一頭 300 公斤重的犛牛，可供一個家庭一年攝取肉食的需求。犛牛骨與犛牛頭還具有「避邪」的功能，人們把它們放在自家的屋頂上，像聖物一般加以朝拜，據說這樣可以保祐家人一年四季免受鬼的傷害。

　　羊是巴塘鄉藏族人飼養的第二大品種。巴塘鄉的羊係藏係粗毛羊，胎角長、尾短，善爬山遠牧，耐粗放。與犛牛的用途基本差不多，藏係綿羊不僅為牧民提供一定的蛋白質營養，羊皮與羊毛也是牧民用來編織各種口袋的材料，每只羊平均產毛 2 斤。除了藏係綿羊以外，還有山羊，母山羊日產奶半斤多，一生可產 6 隻小羊羔。

　　馬是巴塘鄉男人們的最愛。過去人們出門多靠馬，現在有摩托車了，但是摩托車仍然不能代替馬。巴塘鄉的民間諺語說，一個男子漢可以沒有女人，但是絕對不能沒有馬和槍。因此，馬在某種意義上是成熟男性的象徵。巴塘的馬屬小型馬種，公馬和母馬一般都是從 4 歲開始配種，一生可產 6 頭左右的小馬。公馬的壽命一般為 15 年，母馬的壽命可達 20 年。由於馬的體型比較小，所以能在沼澤、山路、亂石、汊灘以及羊腸小徑上行步自如。

　　由於牧業是巴塘鄉藏族群眾的主要生計模式。因此，原來逐草而

居的生活方式至今仍然在一定程度上有所保留。又由於暖季與寒季從根本上決定放牧的範圍，所以巴塘鄉的藏族群眾主要採取半定居的放牧方式以適應季節的變化。

由表 3-1 可知，巴塘鄉的暖季主要從 3 月份開始、9 月份結束，這是牧民外出放牧的黃金季節。但是，巴塘鄉的牲畜數量比較大，而一個牧場可供牲畜吃的草畢竟是有限的，這就決定了牧民每隔一段時間就要輪換草場，跟著自家的牛羊過著逐水草而居的生活。通常情況下，每年 3 至 4 月，人們多在通天河一帶的支流放牧，這也是一年中牲畜保膘和配種的時候；5 月份以後，人們就

會趕著牛羊沿往高峰不斷消退的雪線攀爬，每到一處草場，他們會停留一段時間，直到牛羊吃盡方圓幾十里的草，然後再次搬遷；10月開始到翌年的 2 月是冷季，這個季節不適合外出放牧，牧民們要把牛羊趕回家裏圈養。

表3-1　巴塘鄉藏族群眾年度經濟生產活動安排

季節	月份	主要經濟生產活動安排
暖季	3 月	月外出放牧、拾牛糞、編犛牛繩、製作帳篷
	4 月	月外出放牧、拾牛糞、給牲畜配種
	5 月	月上山採集蟲草與菌子
	6 月	月上山採集蟲草與菌子
	7 月	月拾牛糞、擠奶、種植藥材、舉辦賽馬節、到城鎮交換生活必需品
	8 月	月外出放牧、拾牛糞、曬牛糞、收藥材、擠奶
	9 月	月外出放牧、拾牛糞、擠奶
冷季	10 月	月割草、把牲畜領回家圈養、殺犛牛
	11 月	月割草、準備給牲畜過冬、修房子
	12 月	月割草、殺牛羊、準備過藏歷年

季節	月份	主要經濟生產活動安排
	1月	過藏曆年、進行宗教祈禱法會
	2月	耍壩子、到外面轉經

巴塘鄉的牧場存在界線，這就意味著每年 3 至 9 月的外出放牧並不是隨意性的，牧民們只能在固定的範圍內遷徙。而每遷徙一處，他們就會住在自己搭建的帳篷裏面。帳篷由犛牛皮或者羊皮製成，他們稱之為「般噶」。「般噶」的面積從十幾平方公尺到 60 平方公尺皆有，根據人數而定制。雖然面積有大有小，但內部的結構基本是相同的：做飯的爐灶置於帳篷中央，灶的兩邊均有火塘，四周鋪有羊毛氈片或者絨毯，平常家裏來的客人都是坐在這些地方；進門的左角係倒牛糞處，日用的生產生活工具均放在這些地方，往前一點便是女主人的床鋪；進門的右邊拐角主要放衣服、牛鞍和馬鞍，往前一點就是男主人的床鋪；帳篷最裏面堆放著皮袋、箱子，內裝青稞、麵粉、大米和茶葉等食品。除了「般噶」以外，巴塘人還建有永久性的房屋，他們稱之為「貢噶」。但是，在一年中的暖季，巴塘鄉的藏族群眾還是習慣攜帶著小型帳篷外出放牧，這時候只有老年人與小孩待在「貢噶」裏。只有冷季的時候，放牧的家人歸來了，大家才聚在「貢噶」一起生活。因此，在暖季中，他們幾乎沒有任何宗教活動，除非家裏出了大事，如家人生病、死亡等。而冷季則是宗教活動最集中的時候，也是各種慶典活動最集中的時候。在宗教方面，家家戶戶要轉山、念經、拜佛。

與牧業生計方式伴隨的是採集業。近年來，這項工作已經成為每個家庭補充收入的主要來源。巴塘鄉廣大的高山牧場上生長著許多冬蟲夏草，數量位居全國之首。冬蟲夏草有止血化咳、補腦益腎和調節人體免疫功能的功效，備受市場的青睞。在 20 世紀 80 年代國家統購

統銷時期，蟲草的價格是 1 公斤 20 元；但近年來市場力量不斷推動，蟲草價格連年水漲船高，1 公斤突破 3 萬元的價格。由於利潤可觀，巴塘鄉不管男女老少，只要是還能走路的，每年的 5 月份都要上山找蟲草。由於學生太忙，當地一些中小學還專門設有「蟲草假期」，讓學生先上山找蟲草，暑假再回校補課。藏族群眾採集蟲草也很有講究，靠的就是一把小鐵鏟，找到蟲草以後，小心翼翼地從蟲草的根部往下刨，然後鬆土，再用兩根手指捏起蟲草子座的最底端，從下往上將蟲草整個拔起來，接下來還要將翻松了的土回填。挖到的蟲草要帶回家風乾，在 6 月底 7 月初的時候拿到結古鎮的格薩爾廣場附近去賣。那兒已經自發形成了一個蟲草交易市場，來自全國各地的商人在那兒收購蟲草，然後倒手轉到北京、上海、廣州等全國各大城市，價格一翻再翻。唐蕃古道重現了昔日貿易的輝煌。

第二節　白「含括」黑：天葬文化興起

一　白教與花教傳入玉樹

公元 7 世紀，佛教由印度和尼泊爾傳入吐蕃，但是在 9 世紀中葉遭到贊普朗達瑪毀滅性的打擊，佛教在青藏高原沉寂達 200 年之久。11 世紀以後，佛教在吐蕃各封建勢力的支持下捲土重來，進入西藏佛教史上所謂的「後弘期」。佛教在後弘期與前弘期所走的推廣途徑已經完全不相同，由於經歷了「朗達瑪滅佛」以後，佛教僧侶認識到前弘期那種純粹的印度式佛教的教理已經不能夠完全適應吐蕃社會的需求，於是他們對佛法進行重新解釋。在此過程中，因對佛法的解釋不同，佛教在青藏高原發展了許多不同的教派，薩迦派便是其中的一支。

　　薩迦派創立於 1073 年，「薩迦」在藏語的發音中是「白色的土地」。人們習慣上把薩迦派稱為「花教」，這是因為這個教派寺院的牆壁上常塗有白、紅、黑的三色花條。在薩迦派僧徒看來，白色的花條象徵觀音菩薩，紅色的花條象徵文殊菩薩，而黑色的花條象徵金剛手菩薩。1260 年元朝皇帝忽必烈封薩迦派大師八思巴為國師，自此，薩迦派走上了政教合一的道路。據歷史記載，八思巴受封國師（後稱「帝師」）後返回薩迦兩次，3 次途經今青海玉樹地區。1264 年，八思巴在偕其弟恰那多吉一起返回衛藏整飭吐蕃庶務時，抵達今玉樹稱多縣稱文鄉的噶瓦隆地方，他們在那裏舉行有萬餘名僧信徒參加的盛大法會[8]，薩迦派正式傳入玉樹。1274 年，八思巴路過玉樹巴塘鄉的東縈隆溝，在仁欽嶺寺講經說法，並賜給該寺跳布紮（即「跳神」）用的護法神面具以及傳說中格薩爾王的大將賈察去世前獻給薩迦寺的馬嚼鐵和馬後鞍。[9]這表明薩迦派已經深入巴塘鄉。

　　在薩迦派向玉樹擴散的同時，藏傳佛教的另一個派別──噶舉派也開始滲入玉樹。噶舉派創立於 1121 年，「噶舉」一詞在藏語中是「傳承」之意，由於該派僧人在修習過程中穿著的僧裙中加有白色條紋，因而俗稱「白教」。12 世紀 60 年代，出生於青海玉樹縣結古鎮西航村的高僧仁欽貝在西藏悟得噶舉派教理，隨即返回故鄉傳教，並在今玉樹巴塘鄉的卓瑪邦雜創立了吉然寺，噶舉派正式落足巴塘鄉。隨後，由於得到囊謙王的支持，噶舉派在玉樹地區勢力不斷發展壯大。

　　表 3-2 表明，白教寺院有 4 個，紅教寺院有 6 個，黃教寺院有 1 個。據學者吳均的考證，這裏的紅教便是指藏傳佛教薩迦派。[10]此

8　參見蒲文成：《青海佛教史》（西寧市：青海人民出版社，2001年），頁117-118。

9　參見周生文、陳英慶：〈大元帝師八思巴在玉樹的活動〉，《西藏研究》1990年第1期。

10　參見周希武著著，吳均校釋：《玉樹調查記》，（西寧市：青海人民出版社，1986年），頁84。

外，清單所記載的是紮武三族游牧地界的寺院，這個地界範圍很明顯比今天的巴塘鄉要大得多。[11]具體來說，在所列的 11 個寺院中，位於巴塘鄉的寺院其實只有 3 個，即禪古寺、班慶寺和東果寺，它們皆屬噶舉派。表中所提到的拉午寺位於小蘇莽鄉東面約 8 公里處，也屬噶舉派。結古寺與湯隴寺屬於薩迦派。前者位於結古鎮中心，距巴塘鄉約 30 公里；後者位於仲達鄉，距巴塘鄉約 60 公里。至於園登寺、東錯寺、多勿寺、果拉寺與布隆寺都不在今天的巴塘鄉。因此，巴塘鄉的大小藏傳佛教寺院實際上只有白教與花教寺院，並無黃教寺院。

表3-2　紮武部落駐地的藏傳佛教寺院統計[12]

族名	寺名	教派
紮武三族	結古寺	紅
	禪古寺	白
	果拉寺	黃
	湯隴寺	紅
	園登寺	紅
	班慶寺	白
	東果寺	白
	東錯寺	紅
	拉午寺	白
	多勿寺	紅
	布隆寺	紅

11 參見本書第三章第一節「青海巴塘鄉：一個高原牧業區」。

12 轉引自周希武著，吳均校釋：《玉樹調查記》（西寧市：青海人民出版社，1986年），頁77。

事實上，當時的玉樹巴塘地區信仰錯綜複雜，除了有新傳入的藏傳佛教薩迦派與噶舉派以外，還有原來的苯教勢力。這些宗教勢力為了贏得更多的信徒，開始暗中較勁，排斥對方，而與宗教信仰密切相關的喪葬無疑成為三派勢力打擊對方以爭取民心的手段。為此，巴塘鄉拉開了喪葬文化大變革的序幕：一方面，同屬佛教系統的薩迦派與噶舉派聯合起來抨擊苯教的土葬；另一方面，薩迦派與噶舉派大力推行印度佛教所宣導的野葬，並吸收苯教的手法，把印度佛教宣導的野葬改造為天葬與地葬，同時兩種葬式又相互競爭。

二　佛苯之爭：土葬衰落與野葬興起

（一）土葬衰落

在佛教入主玉樹之前，玉樹地區流行的葬式如《北史》記載的那樣，「蘇毗……貴人死，剝取皮，以金屑和骨肉置於瓶內而埋之。經一年，又與其皮納於鐵器埋之」[13]。這裏的「剝皮」實際上是一種防腐技術，其目的是為了日後的生命復活。而用「鐵器」做棺材多少含有巫術的味道，但也說明了當時的主要生產工具集中在貴族階層手中，被貴族階層當成一種私有的財產，鐵器稀少，因此成為貴族顯示其社會地位的象徵，可見這種土葬是在苯教的死亡觀的支持下實行的。需要說明的是，從當時的氣候條件來看，土葬挖穴的難度並不大，因為「從公元六世紀起到十二世紀，青藏高原是一個溫暖的時期」[14]。這個溫暖的年代恰恰是苯教統治玉樹的年代，氣候較現代溫

---

13 〔唐〕李延壽：《北史》卷96（北京市：中華書局，1974年）。

14 吳祥定、林振耀：〈歷史時期青藏高原氣候變化特徵的初步分析〉，《氣象學報》1981年第1期。

暖濕潤，土地不存在大面積的凍土層。但是很快，土葬慢慢受到了排擠，最終被視為一種下等的葬式而被民眾唾棄。

造成這樣的結局主要基於以下兩大原因。從宗教層面上看，當時，玉樹地區的土葬主要由苯教推行，期間還伴隨著大規模的殺牲和祭祀活動，浪費生活資源，受民眾排斥。由於生產力的發展，人的價值已經越來越受重視，這就迫使統治者摒棄「人殉」的做法，也一同把支持「人殉」的苯教摒棄了，自然也把其推行的葬式一同丟棄，轉而接受一種能夠適應社會生產力發展的新型宗教，並將之推行到民間以穩固政權。這時，講究業報輪迴的佛教進來了，無疑，它們在喪葬儀式方面選擇了對苯教教義所宣導的土葬進行抨擊，因為那些「人殉」在佛教看來是有違天理的。[15]最關鍵的是，當時高原氣候的變化成就了佛教對苯教的打擊。眾所週知，花教與白教入主玉樹的時間大約是 12 世紀，此時玉樹地區的氣候被氣象學上稱為「現代小冰期」，氣候寒冷，從冰川活動來看，也主要表現為以冰進為主。[16]大量的冰川從北部崑崙山一帶往東南襲來，而海拔與藏北屬同一高度的玉樹從而首當其衝。冰川氣候導致出現大面積凍土層，增加了土葬挖穴的難度，從而縮小了土葬的空間。因此，如果說政治與宗教的原因使土葬演變成一種下等的葬式，那麼地理氣候無疑是導致土葬逐漸消失的根本原因。

（二）野葬興起

花教與白教兩個教派對佛法的見解雖不盡相同，但是它們的思想教義都來源於印度的佛教，這是它們得以聯合起來對抗苯教的基礎。

---

15 參見張窗：〈西藏喪葬風俗的演變及其原因〉，《西藏研究》1986年第2期。

16 參見吳祥定、林振耀：〈歷史時期青藏高原氣候變化特徵的初步分析〉，《氣象學報》1981年第1期。

花教與白教在抨擊土葬的同時推行了野葬。

野葬，即將死者的屍體丟棄在荒野中讓飛禽走獸啄食的一種葬式。這種葬式受佛教宣導，可以從《大唐西域記》對印度僧人死後葬法的記錄中找到充足的證據。其曰：「其儀有三：一曰火葬，積薪焚燎；二曰水葬，沉流漂散；三曰野葬，棄林飼獸。」然而，這裏的問題在於，為什麼花教與白教不推行火葬與水葬，而偏偏推行野葬呢？筆者認為，白教與花教並非事先在葬式方面達成了什麼協定，這種偶然之中其實早已經存在必然。

從氣候條件上看，當時高原無火葬的條件。白教與花教傳入玉樹的時間是藏傳佛教後弘期，即公元 12 世紀，而玉樹的氣候在「十二世紀末以後……為數百年來最為寒冷的時段」[17]。這意味著高原的森林已經完全消退，能夠提供火葬的木柴燃料寥寥無幾。據《冊府元龜》記載：「自赤嶺至邏些川，無樹木，唯缽川三十里，緣山有栝樹。邏些川三百里，有柳、栝樹、酸棗等，皆蟠屈不條茂。」[18]直到今天，巴塘鄉一帶的老百姓使用的燃料仍然是牛糞。牛糞的耐燒力是遠遠不及木材的。例如，把 10 升的冷水燒成溫度為 40℃的熱水，只需要耗費約 2.5 千克的木材；但是如果使用牛糞做燃料的話，至少需要 10 千克以上。燃料的缺乏使火葬這一葬式無法在高原牧區大面積推廣。同樣的道理，被稱為「現代小冰期」的氣候同樣不利於佛教大面積地推廣水葬，因為冰川氣候多發，大部分河流常年結冰，河水流速減緩，無法將屍體沖走。田野調查發現，只要冬天一到，玉樹巴塘鄉的溫度會達到 -20℃，結古河、通天河等河流多處都會結冰，河裏的許多魚蛙在冬天都會凍死。自然環境限制了以上兩種葬式的發展，佛教只能推

---

17 吳祥定、林振耀：〈歷史時期青藏高原氣候變化特徵的初步分析〉，《氣象學報》
　　1981年第1期。

18 〔北宋〕王欽若等：《冊府元龜》卷961「外臣部」（鄭州市：中州書畫社，1985年）。

行第三種葬式，即野葬。野葬，又稱林葬，是將死者的遺體直接曝置於野外讓鳥獸蟲魚食用的喪葬方式。自印度佛教傳入中國以來，野葬備受僧人的青睞。例如，漢地東晉時代的慧遠僧人圓寂前便是「遠以凡夫之情難割，乃制七日展哀，遺命使露骸松下」[19]。由此可見，佛教推行的野葬體現了以肉體「布施」天上地下的一切飛禽走獸以廣結善緣的思想，這種觀念主要來源於《屍陀林經》與《佛說要行捨身經》兩部經書，均記載有屍毗王「易肉貿鴿」和摩訶薩埵「捨身飼虎」的動人的故事。[20]

野葬在玉樹受佛教推廣主要有兩個原因。從自然環境來看，高原地區有適宜野葬的生態條件。在玉樹遼闊的牧場上分佈有百餘種鳥類，其中以鷹科的胡兀鷲、雀鷹居多，此外犬科動物如狼狗、沙狐、赤狐、豺等在草原上也多有分佈，這些全是食肉動物，它們處於草原食物鏈較高的位置上，是野葬不可多得的助手。除了自然環境以外，社會因素也不容忽視。當時在玉樹居住的是羌人，大量的平民本來就實行野葬而非火葬，原因在於「青藏高原三世紀末至五世紀亦以寒冷為主，都與大的冰進期吻合」[21]。在這個寒冷的歷史時段，高原的森林已經退化甚至消失，當地已經沒有足夠的木柴讓羌人長時間持續火葬。氣候變冷導致森林消失、木材缺乏、火葬呈弱化趨勢的時候，吐蕃東擴將玉樹收入囊中，苯教開始在玉樹興起。吐蕃是一個等級森嚴的農奴社會，位列「國教」的苯教所操縱的一切喪葬儀式主要是為貴族統治階層服務的，苯教推行土葬經常需要伴隨著大規模的動物祭獻

---

19 〔唐〕道宣：《大正藏》50冊（上海古籍出版社1978年版），頁361。

20 參見李海波：《死亡學視野中的中國佛教死亡觀研究》（西安市：西北大學哲學系博士學位論文，2005年）。

21 吳祥定、林振耀：〈歷史時期青藏高原氣候變化特徵的初步分析〉，《氣象學報》1981年第1期。

儀式，消耗的生活資源數量相當驚人，廣大的平民百姓自然消耗不起這些資源。另外，貴族統治者死後實施防腐術，實行土葬是為了靈魂復活，但是為王權階級服務的苯教並不承認普通老百姓有靈魂，所以這些人死後只能拋屍荒野讓虎豹豺狼收屍。佛教傳入以後，宣導眾生平等，為了籠絡民心，勢必照顧到廣大平民階層的葬式，因此極力推行野葬。

佛教宣導的野葬與當時玉樹居民所實行的野葬雖然在形式上頗為相似，但實質不同。當時，玉樹的平民百姓實行的野葬是在苯教否定他們的靈魂觀念之下實施的，而佛教的野葬所體現的則是通過肉體「布施」以實現靈魂「輪迴」的觀念。無論如何，兩種表面上相似的葬式已經發生合流，佛教又在這股合流中為實行野葬的人找回了已經「丟失」的靈魂，自然大受平民百姓的歡迎。於是，野葬開始披上了佛教的外衣大行其道。

三　佛「含括」苯：天葬文化模式確立

苯教是一種土著宗教，在吐蕃發展了數千年，有深厚的民眾基礎。佛教作為一種外來的宗教，在青藏高原傳播的過程中要想完全贏得民眾的信賴就不得不考慮吸收一些苯教的教義，甚至吸收苯教的儀軌來發展自己。所謂後弘期青藏高原的「佛教肯定不再由宗教中心進行指導了，它遭到隨心所欲的解釋，僧眾當局和宗教團體也不再對它行使控制權了。這種殘餘的佛教越來越脫離了正統的路線」[22]。

具體到喪葬而言，由於之前拋屍荒野的葬法已經被苯教斥為低賤的葬式，如果花教與白教不改變外形而只是從佛教的輪迴觀方面對野

---

22 〔意〕杜齊、〔西德〕海西希著，耿昇譯：《西藏和蒙古的宗教》（天津市：天津古籍出版社，1989年），頁33。

葬進行解釋，則很難讓民眾接受佛教教義，因為人們接受任何一種新事物的過程都有一個漸進的過程。因此，花教與白教在推廣印度佛教宣導的野葬時也根據實際情況進行了變通，從儀軌方面入手，吸納苯教剖屍的做法（由於這種剖屍的做法在佛教傳入之前僅用於貴族階層，在當時的平民百姓看來，此種做法無疑是一種高貴的象徵，這也是平民百姓容易接受此項儀軌的原因）對野葬進行改造，在玉樹的巴塘鄉發展了富有特色的地葬與天葬。

（一）花教對野葬的改造：地葬興起

地葬是野葬的一種，不過它與野葬將屍體施於上飛下走的一切動物不同，用於地葬的屍體只能施捨於一種特殊的動物——狗，而且在施捨於狗之前要進行人工分屍並且舉行相應的儀式。那麼，為什麼將屍體拋之野外讓一切動物啄食的野葬會演變成專門將屍體肢解餵狗的地葬呢？這是因為對於逐水草而居的牧民來說，狗在他們生產中的作用非常突出。比如，牧羊犬聽覺靈敏，可以幫助牧民看護羊群，防止羊群受其它動物的攻擊；獵狗胸寬、腿長、掌小、速度快、攻擊力強，是牧民打獵不可多得的好幫手。在青藏高原的牧場上，更多的是體大如驢、奔馳如虎、有嘯天犬之稱的藏獒。這種狗是由 1 000 萬年前喜馬拉雅地區的巨型古鬃犬演變而來的，它們被認為是世界上最古老、最稀有、最兇猛的大型犬種。長期的生產經驗使牧民意識到狗是生產的夥伴，於是就對狗產生了崇拜的心理。例如，巴塘鄉流傳著一個家喻戶曉的傳說：

> 很久以前，青稞只生長在天上，陸地上的人都在挨餓，後來一隻天狗從天上偷偷帶青稞種子下來交給人們並告訴人們種植青稞的方法。但很多人在種植青稞的過程中累死了，天狗又把他

們的靈魂帶到天上去。後來，蛇王把這一情況向天神報告，於是天神就處罰了狗，貶它下界。天狗來到人間，沒有吃的，大家看它可憐，一長者在臨死前對大家說：「人活著的時候被天狗養活了，因此人死了以後也應該養活天狗。」所以，他就將自己的軀體奉獻給了狗，從那以後，地葬便興起了。

巴塘人對狗的尊重還表現在一直保留著不吃狗肉的傳統。當一隻狗死亡以後，主人通常會往它的嘴裏放幾粒青稞然後對其實行野葬，虔誠的佛教徒會為它念經超度並祝福它有一個好的轉世。事實上，這種對狗的崇拜心理在很早就已經產生，當佛教傳入以後，靈魂轉世的觀念得到強化，這些因素相互結合，使把屍體餵給自然界中一切動物變成了餵狗。來自田野調查的材料還表明，巴塘鄉的地葬在歷史上僅分佈於當頭村。

當頭村位於巴塘鄉最南端，係金沙江流域的入口，離玉樹縣城 75 公里，距四川石渠、西藏江達 200 多公里。在玉樹巴塘鄉當頭村口耳相傳的族源傳說中，他們的祖先並非土著，而是來自更北方的蒙古人。

相傳在許多年前，有一個叫「巴」的蒙古族首領帶領一大隊人馬從天山一路游牧到昌都一帶，與當地的一個部落髮生戰爭。土著部落為了取勝突然施展巫術，不但殺死了巴部落的很多人，也殺死了很多無辜的老百姓。巴部落的首領不願以老百姓的生命換取戰爭的勝利，於是主動往東北方向撤軍。當軍隊來到巴塘鄉的當頭村一個叫「格秀」的山頭時，人們又渴又餓，實在走不動了，想到農戶家借一碗水喝，卻發現這裏的人因戰爭早就逃難去了。在饑渴之時，格秀山山腰的石縫中流出了泉水解救了這隊人馬，巴部落認為這是佛祖之意，加之當頭的風

景秀麗，於是便在這個地方定居並繁衍。「格秀」在當地藏語中意為「駐紮」。

筆者在田野調查期間，也見到一些老百姓家里保存著據說是祖先留下來的蒙古鐵弓。弓長 60 公分，兩頭彎曲，弦以牛背筋製成，配之以彈性很好的柘木。雖然鐵已生銹，但是弦的彈性依然良好，拉動時發出的聲音清脆且紮實。當頭村的成年禮中保留著射箭儀式，每個成年的男子都會騎射，在玉樹縣每年一度的賽馬節上都有騎射比賽，當頭村人幾乎年年拿第一。

雖然目前還缺乏足夠的證據證明當頭村人的祖先是蒙古人，但種種跡象表明，當頭村受蒙古文化的強烈影響。從地理上看，當頭村地處北高南低之巴塘鄉的南部，海拔為 3,500 公尺，垂直高度與最北部海拔 4,500 公尺的上巴塘相差 1,000 公尺。這一片地區牧場遼闊，適合游牧，如果來自北方的游牧部落進入上巴塘以後，沿著通天河而下便可快速到達當頭，這恰恰符合游牧民族的遷徙路線。明末清初，蒙古和碩特部一度從天山北部南下青海並深入烏斯藏即是明證。從歷史記載來看，蒙古和碩特部勢力也一直有向金沙江擴張的跡象，而且每一次擴張，巴塘都是必經之地。自 13 世紀以來，蒙古部落多次移居青海東南部，人口不斷發展壯大，達到 20 多萬。[23]而事情又是如此巧合，這種以屍喂狗的葬法在蒙古族的傳統中大量存在。[24]不僅如此，我們還發現藏傳佛教薩迦派背後的支持勢力正是蒙古王朝。目前，當頭村僅有一個藏傳佛教寺院——科群寺，這個寺院也恰恰是巴塘鄉所

23 參見青海省編輯組：《青海省藏族蒙古族社會歷史調查》（西寧市：青海人民出版社，1985年），頁139-140。

24 參見〔德〕利普斯著，李敏譯：《事物的起源》（西安市：陝西師範大學出版社，2008年），頁314頁。

有寺院中為數不多的薩迦派。科群寺廟中的牆壁上掛著許多畫像，畫像繪有天神騎著馬領著黑狗和獵鷹的場景，在薩迦派念的經文中也有「祈求賜予體壯力大、吠聲震耳的犬的財運」的內容。綜合這些因素可知，當頭村的地葬與薩迦派有密切的關係。

（二）白花之爭：天葬興起

從大的範圍來說，天葬也屬於野葬的一種，它與野葬不同的是，其屍體只能用來餵禿鷲。玉樹巴塘鄉的天葬大約於 12 世紀興起，當薩迦派寺院將野葬改造成地葬的同時，噶舉派引進了天葬。

巴塘鄉的天葬與直貢噶舉的創始人覺哇久丁桑貢有密切的關係。覺哇久丁桑貢於 1143 年出生於結古鎮西杭村，他自幼向帕摩竹巴學法，後來返回自己的故鄉傳教，在巴塘鄉境內的卓瑪邦雜崖根建立了吉然寺，並因為得到佛的啟示而在距此地不遠處建立天葬臺。在巴塘鄉大面積流傳著他建立天葬臺的傳說：

> 覺哇久丁桑貢在修無上密法時發現巴塘此處的三惡趣大門是關閉的，因此在這裏建立天葬臺。只要來天葬的人，其靈魂就能直接進入三善趣。另外，病毒進不了天葬臺，因為覺哇久丁桑貢的大弟子剝了自己的皮與割了自己的頭吸引食肉鬼、骷髏鬼、黑心鬼、魔女、斷臂鬼、龍神去守護，它們有力擋住了那些隨屍體而來的病毒。所以，適合到這裏來進行天葬的每具屍體都會變得十分乾淨，從來沒有出現禿鷲不肯啄食物的情況。現在，如果一個人積德足夠且虔誠向佛的話，去到巴塘鄉天葬臺皆可透過岩石看到 108 具守護著天葬臺的鬼神的形象。

這個傳說充滿著大量鬼神的影子，特別是覺哇久丁桑貢的大弟子

為了造福人類，不惜犧牲自己身上的血肉供鬼神吃喝，以保前往天葬臺的屍體無病毒入侵，從側面說明了噶舉派對苯教吸收和改造的態度。事實上，噶舉派並未否認鬼的存在。筆者在田野調查期間還特意採訪了巴塘鄉吉然寺的堪布。他說：

> 陰間有鬼，這是確定無疑的，但是並非每一個人都能看得到。過去，吉然寺選住持有一條不成文的規定：新住持必須要到巴塘天葬臺去住九天九夜，這是通往住持之路的第一關。這九天九夜非同小可，在巴塘天葬臺靜坐期間，他就會看到很多無頭鬼、斷臂鬼、尖牙鬼、獠面鬼和骷髏鬼，他們張牙舞爪，大喊著你的名字，這時候新的住持就要克服恐懼，只有這樣才能領悟到高深的法力，打開慧眼，抹去遮住光明的黑暗，看到另一個美好的世界。倘若稍微走神，心裏就會立即有了恐懼的感覺，被鬼嚇死。當然，還有另外一種情況，那就是一個新住持的法力不高，他也是看不見鬼的，這就說明他沒有資格做住持。[25]

天葬興起以後與地葬進行了長期的鬥爭，但最後隨著噶舉派聲勢的壯大，其在巴塘鄉推行的天葬也逐漸得到了民眾的青睞；與這種情況相伴的是，巴塘鄉一些原來實行地葬的民眾也逐漸棄地葬而改為天葬。目前，巴塘鄉的許多農村還流傳著地葬向天葬轉變的傳說：

> 以前，巴塘人不知禮俗，不懂葬禮，人死以後大多把屍體丟在草原上，第二天當人們放牧路過當地時卻看不到屍體了，只見

---

25 採訪時間：2012年9月。

遺留許多狗的腳印。人們認為這些狗是從印度來的天狗，它是
專門來攜帶死者的靈魂去天國的。自此以後，巴塘人就實行了
狗葬。但這種葬式實行很長一段時間後，人們又發現很多狗死
亡，原因是人間離天國的路程太遠，狗沒有翅膀，它們在攜帶
死者靈魂去往天國的路途中累死了。菩薩聽說此事以後，就派
天鷹取代狗攜帶死者的靈魂，它們有翅膀，飛得很快，可以在
瞬間將死者的靈魂帶入天國。

　　眾所週知，傳說是歷史的另類反映，解讀巴塘鄉這則流行甚廣的
傳說可以得出基本的結論：巴塘鄉的天葬經歷過由狗食屍到鷹食屍的
變化，這說明巴塘鄉的天葬不是從來就有的，而是由古代的野葬發展
而來的，由狗食屍到鷹食屍的轉變就是天葬制度確立的隱喻。

　　事實上，無論是薩迦派宣導的地葬，還是噶舉派宣導的天葬，他
們都繼承了苯教傳統的剖屍技術，只不過佛教的剖屍是為了盡快銷毀
屍體得以讓靈魂轉世，而苯教的剖屍是為了保存屍體以利靈魂復活。
然而，經過佛苯長期的鬥爭，佛教逐漸佔領上風，它很好地吸收了苯
教的一些儀軌，因而苯教剖屍的做法最終被佛教有關「布施」的教義
掩蓋了。自此，玉樹巴塘地區發展出一個以天葬為主的喪葬文化模式。

第三節　社會結構與葬式的等級表達

一　彌漫著等級色彩的社會結構

　　藏傳佛教後弘期大多以政教合一的方式進行傳播，白教與花教也
一樣，它們的背後皆有各自的封建割據勢力支持。例如，薩迦派背後
的政治勢力是元朝政府，而噶舉派在玉樹更是得到了囊謙總戶的支

持。據民國學者周希武的調查，囊謙地區共有 31 個寺院，其中 22 個屬白教寺院[26]，占的比例多達 70%以上。因此，這些教派要想在地方立足，就必須與當地的政治勢力緊密合作，創造一套從根本上維護地方政治勢力的思想體系，從而在精神方面對民眾施以影響。於是，白教、花教與玉樹巴塘鄉的政治勢力融合在一起，處處體現出一種「等級」的空間，這種等級性的空間仍然在人們的生產生活中體現出來，它在某種程度上是人們空間觀念的延伸。

（一）僧俗階層制度

從大的範圍來看，巴塘社會實際上只有僧和俗兩個階層，「為僧則高供清宴，坐享布施；為民則終歲勤苦，所得半以供佛」[27]。由於僧人的地位較高，老百姓樂意讓自己的孩子出家。正如周希武描述的一樣：「蕃俗……其子僧者，老有所養，其子俗者，贅婿於人，或攜婦而逃。」[28]。出家者通過一系列的修行，可以獲得高深的密法。僧人與俗人在身份上雖然存在天然的界線，但是這些僧人並不像漢地的和尚一般出家以後就與世間的親人斷了塵緣。在巴塘，一個人即使出家也會經常回家看望自己的家人，而且他們在寺院中吃的、住的、用的大多由自己的家人供給。那麼，家裏人為什麼願意養著這些不從事生產的人呢？報導人告訴筆者，這是因為那些出家的人經常在「佛」的道場上，他們的身上有一種普通人身上沒有的「氣」，這種「氣」能夠阻擋厲鬼進入自己家中，有效保護自己的家庭成員不受傷害。以

---

26 參見周希武著，吳均校釋：《玉樹調查記》（西寧市：青海人民出版社，1986年），頁76。

27 同上書，頁73。

28 參見周希武著，吳均校釋：《玉樹調查記》（西寧市：青海人民出版社，1986年），頁76。

下即為一個典型的例子：

　　阿旺，男，68 歲，巴塘鄉上巴塘牧委會的牧民。他身體硬
朗，手腿靈活，自小就沒有患過什麼疾病。但 3 年前的一天，
他感覺到自己的左腿肌肉隱隱作痛，而且隨著時間的推移，這
種疼痛愈發厲害。他本人也先後到縣醫院檢查過兩次，可是沒
有檢查出任何結果。阿旺只好帶上酥油、茶葉和乳酪到巴塘鄉
的班慶寺去求助喇嘛。喇嘛問明瞭阿旺的情況以後，拿出佛事
專用的一串佛珠在兩手間搓了搓，然後閉目念經，同時用兩手
的大拇指很有感覺地依次撥動著佛珠。幾分鐘以後，他睜開眼
對阿旺說，他的左腿疼痛與他 5 年前一次放羊得罪龍神有關。
那是 5 年前 6 月的一天，阿旺在河邊放牧，牛羊在不遠處吃
草，阿旺覺得無聊，就蹲在河邊隨手撿起一塊鐵皮在河邊的泥
沙上亂挖亂畫，但那時候龍神剛好在河邊上曬太陽，所以他畫
到了龍神的左腿上，刺痛了龍神，龍神以牙還牙，把這種疼痛
轉移到了阿旺左腿上的肌肉。

　　事後，阿旺見人就說他出門容易被神鬼跟上，一個重要的原因
就是他的孩子沒有出家，他們整個家庭離佛太遠了。他對筆者
說，住在鐵力角的一戶家庭，三個孩子全都出家了，其中大的
兒子還去了印度，他們的家庭就很好，一年四季沒有人生病，
而且每年養的犛牛很大，賺的錢都花不完。阿旺說他本來有兩
個女孩、一個兒子。但兒子早年得了一場怪病後不知道跑到哪
裏去了，兩個女兒後來各自成家了，其中大女婿是上門的。他
想讓大女婿出家，但是大女婿後來跟別人去外地做生意了，所
以他們家做什麼事都不順。阿旺也想等年紀再大一點的時候離
開巴塘到外面和女婿一起生活。

　　其實，僧人不僅僅體現在為個人醫療健康方面提供服務，在群眾性的生產生活當中，他們的角色更突出。比如，他們經常受邀前往牧區各處念經，幫助老百姓祈禱雨水，消除冰雹，為牛羊驅趕瘟疫，為全村驅走厲鬼，等等。

　　概而言之，僧人與俗人的關係是一種保護與被保護的關係。但是，這種保護也不是單向的，僧人通過念經保護俗人，而俗人也必須向他們支付一定數額的報酬。一個僧人念一天經的報酬是 50 元，如果家裏有死人，必須將其家裏土地、房屋、帳篷、財產的 1/3 供奉給寺院。從這個意義上說，俗人是僧人的衣食父母，但是在巴塘鄉的「地方性知識」裏面，這些經濟上的聯繫無意識地被老百姓淡化了，他們的目光更多聚焦於「自身被保護」這個視角上，這種視角無疑為社會抹上了濃厚的等級色彩。

（二）部落制度

　　部落制度是玉樹一帶特有的一種制度。9 世紀中葉吐蕃王朝崩潰瓦解以後，玉樹一帶形成了數百個封建割據勢力，這些割據勢力基本上都以部落的形式出現，而巴塘鄉在歷史上就屬於桼武部落的游牧之地。桼武部落形成於 14 世紀中葉；至清朝末期，桼武族通過武力手段兼併了與其毗鄰的布慶部落和拉達部落；民國以後，桼武族又將班石、哈秀、傑宗等獨立百長部落納入門下，這時「住牧倫多布領地方桼武族，百戶一名，百長三名，香人三百零四戶」[29]。如果以每戶 5 人計算，則桼武族在清代就達到了 15 000 人左右，而巴塘鄉目前人口僅有 10,000 人左右，可見桼武族管轄地之大。

---

29 陳英慶：《中國藏族部落》（北京市：中國藏學出版社，2004年），頁34。

1 部落傳統的等級結構

　　部落有一套等級森嚴的制度，共由三個階層構成。處於第一階層的是部落統治者，包括頭人與百戶長，部落頭人以世襲的方法產生；其子孫不但擁有對百戶職的繼承權、草山的佔有權和私有權，還部分佔有差戶的牲畜等財產，甚至佔有差戶本身，他們對屬民有役使、贈送權，屬民在沒有取得百戶同意的情況下不得遷居他族。處於社會結構中層的是普通牧民，巴塘人稱他們為「差娃」。這部分人占大多數，他們有使用草場權，但是他們必須向頭人承擔一定的徭役和實物地租，履行支差納稅的義務，通過這種方式確立他們與頭人之間的所屬關係。處於部落社會結構最底層的是一些貧困小戶，即所謂的「奴隸」，藏語稱之為「玉乎倉」或者「才玉乎」。這些人大多因為負債過多，或者是喪失了勞動力而無力承擔差務，且無權使用草場。此外，這個階層還包括一些流浪漢，藏語稱之為「尼什匠」，這些人多是從其它地方逃難而來的。他們缺乏生產資料，唯一能夠做的就是出賣自己的勞動力。

　　在這個等級制度明顯的結構中，處於最上層的頭人、百戶長占的比例比較小。據 1949 年的調查，紮武部落上萬人中僅有百戶長 12 名。[30]至於中間階層的比例與底層的比例，雖然我們不能列舉具體的數位，但是根據當時玉樹社會形態判斷，玉樹社會不是奴隸社會，而是十足的封建社會。[31]當時，大多數民眾已經從無自由的奴隸身份解放出來，由此推斷底層的人口比例少於中層的人口比例是沒有疑問的。換句話說，這種社會的等級結構呈現兩頭小、中間大的橄欖球形狀。

---

30 陳英慶：《中國藏族部落》（北京市：中國藏學出版社，2004年），頁34。

31 參見青海省編輯組：《青海藏族蒙古族社會歷史調查》（西寧市：青海人民出版社，1985年），頁114。

　　部落首領與百戶長不僅控制了每個家庭的生產生活資源，同時也在精神方面對每個家庭進行思想禁錮，這方面突出表現在首領與寺院上層僧侶的結合。

　　歷史上，巴塘鄉的部落頭人先後支持藏傳佛教的噶舉派和薩迦派前來自己的領域傳教，無論是白教還是花教，作為佛教支系，它們都是脫離生產的社會組織。在生活上，其物質來源依賴於藏族群眾的布施，而部落頭人對藏族群眾的經濟來源卻有絕對的控制權，因此一個寺院在當地建立並長期發展就必須取得部落頭人的支持。比如，結古鎮著名的藏傳佛教薩迦派寺院結古寺是在明洪武三十一年（1398年）建立的，當時西藏薩迦派大喇嘛當欽哇・嘉昂喜饒堅贊前來玉樹傳教，並希望在此建立一座薩迦派寺院。他請示了絜武頭人，開出的條件對絜武頭人很有誘惑力，就是把絜武頭人的紅宮搬到寺院中，以永久獲得佛祖的保祐，絜武頭人愉快地答應了他，於是便湊集經費，薩迦派寺院才得以建立起來。大殿「旁設金冶佛像，高數十尺，飾以珍珠，覆以羽蓋，國相聽事處其西，國王親屬聽事處其東」[32]，足見其規模之龐大。結古寺後來成為玉樹地區最著名的薩迦派寺院，香火鼎盛，其中一個最重要的原因就是絜武頭人的紅宮建在裏面。

　　因此，寺院上層僧侶與頭人、百長等皆存在緊密的合作關係，政教合一是玉樹地區宗教活動的顯著特點之一。例如，結古寺就有絜武邁根、文何堅贊、嘉那三大活佛系統。百戶與活佛集於一身，百戶的承嗣採取活佛轉世制，有些百戶的駐地在寺院，因此活佛轉世到頭人家中也是常事。以下是報導人絜西桑結對筆者講述的一個個案：

　　　　巴塘鄉的鐵力角有一個勢力很大的家庭。這個家族是部落頭人

32　李遠：〈青唐錄〉，《古西行記選注》（銀川市：寧夏人民出版社，1987年），頁171。

的後裔，他們與神力有某種聯繫，我們這裏的老百姓都稱那個
家庭為「活佛之家」。因為他們家族從清末到現在一共出現了
9 個活佛，現在還有 1 位活佛在世，他在稱多縣的一所寺廟任
活佛，而且還有很多財產。[33]

　　這明顯是一個典型的家族式活佛傳承的方式，由於部落頭人是世
襲的，所以活佛在某種意義上也是世襲的。百姓說「龍生龍、鳳生
鳳，頭人家裏活佛不斷，普通人不可能轉世成活佛」，這種觀點正是
等級制度的體現，可見寺院上層人士與頭人、百戶長等構成了一個龐
大的統治階層。

2 部落傳統結構的演變

　　20 世紀 80 年代，隨著家庭聯產承包責任制在全國推行，玉樹巴
塘鄉的所有牧場也分配到了每個家庭，各個家庭擁有了自己的牲畜。
這時候，草場在名義上雖然實施的是家庭承包制，但每個家庭甚至每
個村莊固定的草場劃分併沒有平均到位，巴塘鄉仍然遵循以往的歷史
傳統──即按照歷史上每個家庭給部落頭人承擔的徭役對應的牧場使
用面積進行分配。如此一來，部落的等級結構仍然沒有改變：頭人、
百戶長不僅擁有較多的牲畜，還佔據水草豐美的牧場。不僅如此，這
個階層不少人還當上了國家的幹部，其威信還得到國家意志的認可，
並以官方的形式加以確認。處於中間的階層仍然是牧民，他們的生產
資料基本上也沒有太大改變，但是他們過去向部落頭人、百戶長等承
擔的徭役已經取消。處於橄欖球狀底層的群眾隨著民主改革也獲得了
一定的生產資料，但是他們的牧場大多比較差，而且比較少，僅靠放
牧不足以維持全家的生活開支。於是，他們便做一些額外的工作以補

---

33 採訪時間：2012年8月。

貼生活的開支，譬如擔任經商腳夫以及靠撚毛線、刻瑪尼石、挖藥材
等為生。

（三）年齡組制度

　　由於生存環境惡劣，玉樹巴塘地區的人均壽命並不高。在很多情
況下，一個人壽命越長，他就獲得越多人的尊重。換言之，年齡也體
現了社會地位的等級。巴塘鄉社會的年齡組大致可以分為三組。

　　第一組是 13 歲以下的未成年人。這一年齡段的人有一個共同的特
點：他們還沒有任何勞動力，更小的一些甚至還嗷嗷待哺。高原牧區
的生存環境惡劣，一個人能活過 13 歲是一件幸運的事。但現實情況
是，牧區的醫療衛生有限，加之流動性強，許多孩子發病都得不到及
時救治，很容易造成突發死亡。老百姓普遍把原因歸結於宗教，他們
認為這些孩子的靈魂還沒有真正長成，只有 13 歲以後，靈魂才算真正
長成。從社會文化的角度看，13 歲是個體成長要過的坎。一個孩子長
到了 13 歲，家裏通常會為他舉行成年禮。通常的做法是請活佛到家裏
為他念一種消災祈福的成長經，然後還要請客吃飯。很多情況下，這
些儀式只為男孩舉行，在儀式過程中家長會將家裏的祖傳之寶送給
他，通常是一把刀，他們讓孩子懸掛在腰間，宣佈孩子已經長大成
人；有些家庭也會給孩子一支獵槍，讓他小心翼翼地放好，這支槍日
後會伴隨著他。13 歲以後的孩子還必須學會騎馬，否則他將遭到同齡
人的恥笑。他們第一次放牧也是騎馬去的，父親會分給他 10 頭牛或羊
讓他們看管，當他們熟悉了放牧的程序以後，就可以獨自放牧了。這
時候，他們還可以自由地參加社交活動、談戀愛，巴塘鄉女孩的成婚
年齡多在 16 歲左右。

　　第二組是 13 歲至 60 歲這個年齡段的人群。這個年齡段的人群身
體硬朗、身手敏捷，他們是每個家庭經濟生產的中流砥柱。人們通常

根據他們的生產能力確定他們的社會地位。一個會創造經濟價值的人，社會地位就相應高一些，而一個不會創造經濟價值的人通常被人看不起。如果是一個患了重病而落下殘疾的人，不但會遭到社會的歧視，家裏人也通常有意無意地排斥他，因為他喪失了勞動能力，不但不能為家庭帶來財富，反而會成為家庭的累贅。在一個資源極度匱乏的社會中，為了生存，人們必須擁有強健的身體和良好的心理素質，這樣才能在資源爭奪中為本家庭、本部落帶來聲譽。在這種環境下，集體主義往往會掩蓋個人的人文關懷。

第三組是 60 歲以上的人群。在巴塘鄉，活到 60 歲以後便可稱為老年人。一個人步入 60 歲以後會逐漸脫離生產，他們雖然已經不能直接創造經濟價值，但是他們有著豐富的閱歷和人生經驗，家裏的晚輩做任何事都必須事先徵求他們的意見。巴塘人還認為，一個人的壽命與信佛的虔誠度成正比例關係。一個人能夠活到 60 歲以上，是因為他的前世修得了很多福分，他們的生命在冥冥之中得到了佛的保祐。老百姓對這些人的尊重，事實上也是對佛表示尊敬的一種表現。

可見，巴塘鄉的社會呈現的是一種等級的結構，社會對一個人的評判主要依賴於他在這個等級結構中所處的位置和扮演的角色。雖然一個人可以擁有多種角色，但是多種角色並非總是平行的，在老百姓的心目中，角色有輕重之分。人們對一個人進行蓋棺定論時，只會以其對佛的虔誠度來衡量，而且在很多情況下，這種衡量並不是通過語言來傳遞，而是通過給亡者選擇適合的喪葬方式來表示。

二　死亡人群與葬式分類

由於等級森嚴的佛教信仰「含括」了等級森嚴的黑教信仰，又與森嚴的等級部落制度聯合起來，使巴塘鄉的喪葬烙上了森嚴的等級

性。總的來說，當地的死亡及其與之相對應的喪葬方式主要有以下幾種：一是處於社會結構上層的精英死亡所實行的靈塔葬、甕棺葬；二是富貴人家與大德高僧死亡實行的火葬；三是普通人正常死亡所實行的天葬，在天葬裏面，又可按年齡和性別分為不同的等級；四是社會結構下層的低賤者或者普通階層的人「凶死」（如刀殺、槍殺或者患重大傳染病）所實行的土葬；五是針對 13 歲以下夭折的未成年人實行的水葬。

（一）精英階層的靈塔葬與甕棺葬

誠如我們在前面所分析的一樣，巴塘鄉的社會結構與人們的思維結構主要圍繞著「保護」這個觀念運行。所謂精英階層，就是指能夠給人們提供「保護」的人。這些人的身份大致分為兩類：第一類是宗教人士，包括活佛與寺院僧侶。很明顯，這類人士本身也是有等級的：活佛擁有最高的社會地位，他受全民朝拜；而僧侶都在活佛的手下辦事，他們的社會地位次於活佛。第二類是部落頭人、百戶長，他們與寺院存在密切的合作關係。在現實生活中，一方面，他們是維護本部落生產的能手；另一方面，他們經過無數的大風大浪，說話算數、講信用，本身又是「最接近神」、「最受佛保祐」的人物，所以在老百姓看來他們也算精英階層。巴塘鄉的老百姓認為，精英之死是社會最重大的損失，所以通常要採取與眾不同的葬式對死去的精英進行安葬，以表達人們對這些精英的感激與緬懷。

1 活佛的靈塔葬：永駐人間的表達

（1）活佛崇拜現象。

巴塘寺院內部的僧侶等級制度非常嚴格，在寺院內部，地位最高的是活佛，他們是得道高僧，具備高深的法力，在所有人的眼裏都是

神。活佛下面是堪布，即人們通常說的經師。經師的主要任務是教僧侶念經，一般由寺內赤哇會決定聘請，任期有長有短，長的可以終身擔任，而短的也有任兩三年的。堪布之下是僧官和經官。僧官在當地話中稱為「曲成」，他們的任務是維護僧侶念經時候的秩序；而經官就是帶領僧侶念經的僧侶，當地老百姓把他們稱為「曲本」。在僧官和經官下面則是普通的僧侶。但普通的僧侶又分為兩個等級：等級較高的是那些到過西藏朝聖的「紮哇」，他們有資格身穿袈裟；那些沒有到過西藏朝聖的稱「班德」，他們沒有資格穿袈裟。但是普通群眾是沒有辦法對僧侶內部的階層進行區分的。在他們看來，僧侶只有兩種，一是活佛，除了活佛以外，其它僧侶為「阿卡」。

　　「活佛」，顧名思義，就是指「活著的佛」。巴塘鄉的老百姓認為，活佛是人間的貴人，他同時是人們幸福的根源。只要活佛對著某些東西吹一口氣，這些東西就會具有某種神力。比如，活佛只要撐開礦泉水瓶或者糧食口袋，對著裏面吹一口氣，這些東西就可以起到治病驅邪的功效。田野調查還發現，藏族人家中的一些名貴藥丸也是用活佛的排泄物摻雜草藥製成的，這些藥丸被老百姓視為治病療傷的聖藥。在巴塘鄉，如果一個家庭很富裕，這個家庭必須在一年中至少請活佛到家裏來為全村人念一次經，一切費用都由這個家庭支出，包括全村人到他家裏吃的、喝的。他們相信，家庭的財富都是活佛給的，他這樣做是在積功德，直接影響到他來年的收成。最能說明巴塘藏族人對活佛崇拜的是 2008 年的禁酒工作。由於當地年輕人愛喝酒，而且酒後衝動，屢屢發生打架、鬥毆等事件，政府部門為此曾三番五次到各個村勸年輕人戒酒，但不起作用。後來此項工作交由活佛主持，活佛當著年輕人的面打開酒瓶，並對酒念了咒語；同時，告訴他們，這些咒語兩年內都不會消失，誰喝酒誰就會倒楣，這一項工作終於得以順利實施。

（2）活佛的塔葬。

由於活佛有崇高的地位，他圓寂以後必須為其舉行特殊的葬儀——塔葬。

> 塔葬，或稱方墳，又譯靈廟，以其藏佛舍利也……大約由四至
> 五部而成：（一）基礎，（二）覆缽，（三）平頭，（四）竿，
> （五）又傘。基礎為圓形座，覆缽較小，覆於基礎上，覆缽上
> 繞以幾何紋或花草紋之帶。平頭形如方箱，覆缽上部宛如缽
> 底，平頭即置其上。平頭周圍，刻蓮花之半浮雕。箱形之上，
> 積數重方板，漸上漸大，是即上部蓋臺，遺物即收於此。[34]

巴塘鄉用於塔葬的塔在外形上與上面所描述的基本一致。塔葬在藏族聚居區所有的葬俗當中是最獨特的，它僅針對活佛，事實上正是代表活佛的社會地位與聲望。巴塘鄉的塔葬分為兩種情況。

第一種情況是對屍體進行特殊的防腐處理，製作成乾屍後存儲在寺院的靈塔當中，一般要經過三道工序。

據說，活佛與一般的僧侶不同，他清楚地知道自己什麼時候圓寂，在圓寂之前自然會有異象出現，活佛一般在圓寂的前三天就將自己的僧徒召集過來，告訴他們自己將會在什麼地方轉世。活佛圓寂以後，僧侶們就開始為塔葬做各種準備了。第一道工序是製作乾屍。僧徒們會到通天河去提水，然後將水倒入一個大的陶甕裏面，加入雪蓮花等名貴藥材清洗法體，然後以酥油封住法體的七竅，最後將法體埋在鹽裏面吸乾水分後往腹部填入各種香料，一具乾屍就製成了。第二道工序是製作木屋和金塔。根據佛教不殺生的教義，屋子全部是用木

---

34 徐嘉瑞：《大理古代文化史》（昆明市：雲南人民出版社，2005年），頁159。

料製成的，而且不能有鐵釘之類的殺傷性工具。木屋寬大約 1 公尺，房屋由兩層結構組成。第一層通常高僅有 50 公分，主要用來存放青稞和大麥；第二層高約 1 公尺，正面用玻璃隔開，這一層是用來存放法體的。制好木屋以後還要製作一個大型的金塔，塔身主要用黃金、白銀和黃銅製成，每個寺院的經濟能力不一樣，所以用的材料有差別。例如，結古寺經濟實力雄厚，僧侶給活佛造的塔就是全用黃金製作的。最後一道工序是下葬。一切準備就緒以後，由活佛打卦挑選日子對法體實行大葬。安葬之前，用紅色或黃色的絲綢將法體包裹起來，然後置入木屋的第二層，具體面向需要打卦確定。安葬的時候要舉行盛大的法會，寺院全體僧人在經官的帶領下念經。就法體的安葬姿勢而言，皆是雙手合掌，盤腿而坐，並且左腿在上、右腿在下。僧侶將法體置入木屋以後，要在法體的面前叩拜 9 次，然後將一張高約 30 公分的小方桌置於法體前，上面放著活佛生前使用過的法器、經書、銀碗等，有時也會撒一些青稞在上面。最後將裝有法體的木屋放到塔中，置於寺院的經堂供僧侶們瞻仰和跪拜。

從整個塔葬的程序來看，這項工作首先對防腐的技術要求很高，因此筆者相信它得益於吐蕃人有史以來對屍體防腐的經驗。塔葬的花費巨大，這些費用主要由部落頭人出資、寺院的財產以及藏族群眾的捐贈三部分組成。很顯然，塔葬不是一般人能夠享受得到的。筆者在田野調查中瞭解到，巴塘鄉大大小小的寺廟中，大多保存有活佛的金身，但是許多在「文化大革命」的時候被毀掉了。現在岔來村的仁青林寺還保存著一具 500 年前的活佛金身，但也已經殘缺不全。

另一種塔葬是將活佛的法體進行火化，然後再收集他的骨灰或舍利子裝入一個匣子放入塔中供奉。後者比前者花費少，這是因為後者免掉了製作金塔或銀塔的花費。一般情況下，活佛的舍利子分成三部分：一部分放在一個金色的匣子當中，並用黃色的綢緞包起來放在寺

院大殿前的木塔裏面；一部分放在他生前住的禪房中，那裏還擺有他
生前寫的書和他用過的餐具；另一部分由他的孩子帶回家珍藏在經堂
中，與他的照片放在一起被日夜供奉。一旦活佛的舍利子到了這些地
方，這些地方就擁有了某種神力，變成神聖的地方。

2 甕棺葬：頭人不死的表達

（1）頭人的影響

甕棺葬是考古學上的名詞，泛指在史前時代用陶甕做棺殮屍埋葬
的一種葬法。根據考古發現，史前時代成人一般沒有任何葬具殮屍，
而對於那些年幼即夭折的孩子，人們一般用陶甕殮屍，而殮屍的甕棺
其實也只是人們日常生活所用的陶甕，這說明早期在生產工具不發達
的情況下先民對孩子的珍愛。後來陶甕普及了，成人死亡也開始用甕
棺殮屍。巴塘鄉的甕棺葬主要針對的是部落頭人或者百戶長家庭中那
些年長去世的老年人，所以它代表了一種榮耀和地位，是一種相當高
級的葬式，普通的人死亡是不能實行甕棺葬的。

頭人，或者百戶長，巴塘人稱之為「紅寶」，為「官人」之意。
他們過去是玉樹巴塘社會的統治者，具有極高的權威；「民主改革」
以後，他們成為國家的幹部，其權威不但沒有消退，反而有強化的趨
勢。巴塘鄉目前還流傳著以下諺語，認為「紅寶是在京的皇子授給的
官，活佛囑咐他們長命百歲，不捧紅寶，紅寶就在高空中旋轉，一捧
紅寶，紅寶就比天還高」[35]。可見，頭人在巴塘牧民的心目中是何等
的威風。頭人的權威不僅在他們活著的時候體現出來，其死亡所實行
的葬式也和普通人有很大不同，在巴塘一般實行甕棺葬。

---

35 青海省編輯組：《青海藏族蒙古族社會歷史調查》（西寧市：青海人民出版社，1985
年），頁30。

（2）甕棺葬的程序

甕棺葬同樣需要對屍體進行防腐處理，其程序與活佛的塔葬沒有什麼區別。乾屍製成以後找一個半徑 0.5 公尺、高 1 公尺左右的陶甕做棺。這些陶甕在老百姓家裏也有，是老百姓日常使用的生活器具，它們多用來裝青稞、大麥、酒水等。實行甕棺葬前先將甕棺洗淨，撒入香料。在將屍體裝入甕棺之前需要請喇嘛來念 3 天 3 夜的經，陶甕才能當棺使用。入葬的時候，將死者捆成胎兒狀，屈蹲放入甕棺當中，面向則由喇嘛打卦決定，甕棺不需要任何陪葬品。將死者放入甕棺以後，撒上鹽，使鹽蓋過死者的肩膀處，僅留頭部接觸空氣。當然，頭部也須經過特別的處理，比如為臉面打蠟，使臉面顯出紅潤光澤。最後將甕棺口蓋上，用黃泥密封，使氣體不外漏。這時候，還必須對甕棺的外表進行裝飾，請人刻「六字真言」或者一些經文，將龍達、風馬旗等貼在甕棺外層，使其與日常生活所用的陶甕區別開來。

甕棺的位置是非常有講究的，通常情況下只能放在兩個地方。一是與家裏大門相對的大廳桌子的下面，在甕棺的前面還擺有小方桌，上面常年點著酥油燈。除此以外，甕棺也可以放在經堂裏面。由於部落頭人、百戶長家庭非富即貴，他們的樓多有 3 層甚至 4 層。一般情況下，第三層或者第四層是專門的經房，裏面掛著各種各樣的佛經、風馬旗、唐卡和佛像等，經堂大門偏右朝東的地方掛著佛像，下面常年點著酥油燈；而甕棺就放在佛像下方偏左的地方，其中的隱喻是非常清楚的，即與佛同在。

仔細考察巴塘鄉牧民的房子結構，正門大廳或者經堂掛佛像處恰恰是整個空間最神聖的地方，把頭人的甕棺放在這些地方有多重的象徵意義。首先，它告訴全體鄉民，部落頭人還在，他沒有離開人們。由於藏族群眾一直視部落頭人為保護神，這種不銷毀屍體的做法無疑

使人們在情感上得到慰藉，使原本運行的社會秩序不至於陷入混亂。其次，甕棺葬也是部落頭人的後裔維護家族聲望與地位的方式。由於人們賦予甕棺葬一種罕見的、高級的概念，使任何一位藏族人在潛意識裏把家庭的甕棺葬與高貴聯繫起來。最後，甕棺葬還象徵了長壽。基於歷史上巴塘鄉人平均壽命不長的事實，「長壽」在某種程度上得到崇拜，也成為牧民們的一種追求。所以，我們可以得出結論，甕棺葬似乎在有意模仿大活佛的靈塔葬。眾所週知，活佛的靈塔葬樹立起的是一種偶像崇拜，而甕棺葬同樣起到頭人崇拜的效果。

（3）牧區甕棺：尊貴的象徵

接下來的問題是，為什麼這樣一種高級的葬式會用甕棺來表達呢？在本書的第二章，筆者曾經討論了陶甕製作與農業生產的關係。普遍意義上，在巴塘鄉這樣的一個高原牧業區，陶甕是不可能大規模生產的，因為「遊蕩部落既沒有時間也沒有製作手工藝品的耐心和安定的工作環境，而且陶器很容易破碎，不適合他們使用」[36]。巴塘鄉的生態環境歷經幾千年變化以後已經完全變成一個純牧業區，人們掌握的製陶技術有限，生產的陶甕比較少，因此甕棺葬主要用於為那些特殊的死者殮屍，正是這種稀缺性把陶甕抬到了一個高貴的地位。甕棺葬在牧區之所以成為一種高貴的葬式，事實上是牧民潛意識中嚮往穩定的農居生活的表現。

毫無疑問，巴塘鄉活佛的靈塔葬與頭人的甕棺葬在等級上基本處於一個平臺，他們位於橄欖球狀結構的上層，前者顯示了神聖空間的高貴，後者顯示了世俗空間的高等，這是玉樹社會寺院與百戶二位一

---

36 〔德〕利普斯著，李敏譯：《事物的起源》（西安市：陝西師範大學出版社，2008年），頁120。

體、結成政教合一統治制度的體現。假如我們從物質文化與精神文化
角度將這兩種喪葬方式進行文化因素劃分，那麼前者的喪葬文化因素
有乾屍、靈塔與佛教信仰，後者的喪葬文化因素則有乾屍、甕棺與佛
教信仰。那麼，兩者的交叉部分就是乾屍與佛教信仰。把屍體製作成
乾屍而不是銷毀，體現的是一種偶像崇拜，這種偶像崇拜在佛教信仰
之下得以樹立並穩固，神聖與世俗由此緊密結合，使死者生前的影響
得以延續，從而維護既有的社會秩序正常運轉。

（二）火葬：財富與名利的體現

　　歷史上，許多佛教徒死亡以後都實行火葬，有些地方，火葬甚至
是佛教徒與非佛教徒的區分標誌。但在巴塘鄉，情況截然不同，這裏
的人對火葬的要求非常嚴格，操作起來也非常謹慎；即使是佛教徒，
也不能隨隨便便實行火葬，尤其是對那些在寺院中地位較低的僧侶來
說更是如此。

　　巴塘鄉的火葬只針對那些非富即貴的人家或者是僧侶階層中的大
德高僧，這類人具有一定的身份和社會地位。從本質上說，火葬是一
種文化手段，它是這類人顯示社會地位和經濟實力的一種手段。雖然
如此，前者的火葬與後者的火葬還是有一定區別的。

1 大德高僧的火葬

　　當寺院的一位大德高僧圓寂以後，僧侶們就要為他做各種火葬前
的準備工作。大德高僧的火葬一般在寺院大殿的前面舉行。在火葬之
前，先由他的僧徒在大殿前的一塊空地上畫圓圈，僧侶們架上柴火，
架好的柴火呈「井」字形。火葬時，高僧法體的坐姿與普通人不同，
基本上保持圓寂時的姿態——雙掌合十，右腿壓著左腿盤起而坐。法
體朝向不需要打卦，一律面朝東方，因為那是太陽升起的地方，有利

於他的靈魂隨陽光行走，在轉世過程中避免黑暗。

在燃燒之前，用大量的檀香將法體圍起來，這些檀香都是從稱多縣買回來的。點火的僧侶是這位大德高僧最得意的大弟子，點火前所有僧侶都向法體叩拜 3 次，然後盤腿打坐，面對法體念經。在火化的過程中，有僧侶專門負責往法體添加酥油和各種香料以掩蓋那種燒焦的味道，一場火葬大約需要 3 小時才能結束。岔來村仁青林寺的一位僧人告訴筆者，大德高僧火化以後，還有許多後續工作要做。比如，對骨灰的處理是火葬的核心。一般情況下，有兩種處理的方法。第一種是將部分骨灰和舍利子收集起來進行供養。法力高的僧人火化後一般會出現舍利子，白白亮亮的，僧徒們視這些舍利子為高僧法力的精髓，他們把那些舍利子撿起來裝入一個匣子當中，再請活佛念經，用黃色或者紅色的絲綢包裹後放到木塔中長期供奉，以增添寺院的靈氣。第二種處理方法是把收集到的骨灰撒到糌粑上面，加入一些草藥製成治病療傷的「聖藥」。

2 富貴人家的火葬

除了大德高僧的火葬以外，那些有錢人家的人去世以後也會實行火葬，比如部落頭人家族的人去世以後大多實行火葬，但是他們的火葬與大德高僧們的火葬稍微有點區別。其區別主要體現在以下幾個方面：第一，火葬的場地不同。巴塘鄉的火葬不普遍，所以當地沒有專門的火葬場，這類人死亡以後如果要火化，大多選擇在離自己家較近的向陽的山坡上。之所以選擇向陽的山坡，是因為那些善良的神靈一般都會在向陽的山坡活動，而背陽的地方是不能做火葬場的，那裏的陰氣太重。第二，火葬的時候屍體的姿勢與高僧的法體姿勢不同。最明顯的就是他們的屍體不是盤腿打坐的，而是呈胎兒狀捲曲的，即兩隻手交叉放置於胸前，左手在外、右手在內，左手壓住右手，右手是

絕對不能壓住左手的。在當地老百姓的觀念裏，右手拿過刀，並且扣動過槍扳機，沾過血，有些人甚至有過殺生的經歷，代表著一種邪惡，所以火葬的時候應該以沒有殺過生的左手來覆蓋右手，這種姿勢具有懺悔的含義，同時也可加速靈魂在六道輪迴中轉世。第三，在火葬過程中，點火的人也是用左手。在正式把屍體置於木柴上之前，需要請活佛打卦決定朝向。點火之前，還要請僧侶到場念經，請土地神騰出一塊土地。第四，普通人不像大德高僧，他們的屍體在火化以後沒有舍利子，所以家人需要處理的只是他們的骨灰，一般情況下是將他們的骨灰收集起來帶到拉薩去，撒在藏族聚居區的名山上、江河中，讓「他們」回歸大自然。

3 牧區火葬：名利的象徵

在巴塘鄉的廣大牧區，火葬體現的是一種權利和地位，它僅僅適用於那些非富即貴的家庭。這主要基於兩個方面的原因：第一，巴塘鄉缺乏木柴從而提高了火葬的成本，這使許多平民家庭對火葬望而卻步；第二，白教是在部落頭人的支持下入主巴塘鄉的，這些頭人、上層社會人士與白教上層人士走得比較近，無疑受到了白教上層人士的感染，因此紛紛模仿他們的喪葬方式。將以上兩個原因綜合在一起考慮，可歸納出以下結論：等級結構森嚴的巴塘社會是火葬最終成為一種名望和權利的象徵的根本原因。正因為如此，只要能解決燃料的問題，巴塘鄉的火葬基本上不受任何條件的限制，而那些富貴家庭有雄厚的經濟實力，他們隨時可以花錢到附近去買燃料。因此，如果說巴塘鄉的火葬有限制的話，那只是階層的限制。

　　個案寶力刀，65 歲，係巴塘鄉相古村的普通牧民，育有 3 個兒子。3 個兒子不分家，共娶一個妻子。由於祖上過去承擔的徭

役較少，在 20 世紀 80 年代全鄉分牧場時只分到很少的牧場，而且牧場多為貧瘠之處。家裏一年養羊 80 隻、犛牛 10 隻。一般來說，這麼少的牲畜只需要一個人就能夠照料過來，因此三兄弟時不時地幫鄉人打零工賺零花錢，對比大多數相古村的牧民，寶力刀一家的生活屬於中下水準。2003 年以後，情況開始有所轉變。二兒子到結古鎮打工，一開始在汽車維修店當學徒，學成以後與別人合夥開了一家汽車維修店，生意越做越大。三兒子也在 2004 年的時候與別人到西寧做生意，從事服裝批發，幾年間也有了自己的工廠。家裏只留大兒子從事放牧。這個家庭一下子就富了起來。目前，全家一年收入達 30 萬元以上，他們不但蓋了新的房子，而且房子裏現代化的家用電器全套配齊，是相古村收入頗豐的家庭。

2011 年，寶力刀的妻子去世，二兒子與三兒子希望母親能享受到更多的尊敬，便到相古寺找喇嘛，希望能夠給母親實行火葬。兩位兒子說現在城市的人去世後都是火葬，他們給出了火葬的理由，那就是火葬比較文明。他們甚至已經從結古買回火葬所需要的油與柴火。但是，大兒子不同意，他說那樣做超越了傳統，造成的後果會是不但母親得不到應有的尊敬，作為兒子的他還會遭到非議。大兒子認為，他的兩個弟弟由於常年在外邊生活無所謂，但是他還在巴塘鄉生活，所謂「眾口鑠金，積毀削骨」，他害怕突破傳統的界限引起不好的後果。幾經爭執，家裏最後還是聽從了大兒子的意見，為母親實行了天葬。這件事在相古村傳開以後，村民紛紛稱讚大兒子懂事，對二兒子與三兒子的想法不以為然。

事實上，巴塘鄉所謂的社會階層只是歷史的繼承，帶有濃厚的政

治遺風，政治上的觀念一時之間很難打破。誠如以上個案，在巴塘鄉，就算一個普通牧民家庭的經濟能力強、生活富裕且完全有能力支付昂貴的火葬開支，也不會輕易選擇這種葬式，因為那樣不符合巴塘人的傳統。

（三）天葬：普通牧民拯救靈魂的手段

天葬，藏語稱之為「恰多」。「恰」是指專門食屍體的鳥，即禿鷲。顧名思義，天葬就是用屍體餵鳥的一種喪葬方式。一般認為，藏族天葬的起源與藏傳佛教密宗有關。佛教密宗一直以來就有「屍林」的記載，如「東方暴虐屍林、北方密叢屍林、西方金剛焰屍林、南方骨鎖屍林、東南方怖軍吉祥屍林、西南方怖畏幽暗屍林、西北方啾啾聲響屍林、東北方狂笑屍林。此外，還有其它一些屍林。蓮花生大師就曾在這種屍林中修習，證悟無上密法。而其它的大密宗師、大成就者在屍林中修行，或在屍林中獲得空行母加持」[37]。

巴塘鄉的天葬歷史悠久，雖然天葬很流行，但是在巴塘鄉的「地方性知識」裏面，天葬是一種神聖的喪葬，並不是每個人都有資格進行的。一般來說，天葬僅適用於一般人的正常死亡，因此那些「凶死」的人不能天葬。

那麼，什麼樣的死亡是「凶死」呢？報導人的說法各不相同。天葬師倉覺認為：

> 凡是生前作惡的人的死亡都屬於凶死，那些生前多次偷盜、搶劫、殺人的人的死亡都屬於這類死亡。他們死後靈魂處於極度焦躁狀態，陰氣非常重，平常人看不見，但是神鳥可以看見，

37　才讓：《藏傳佛教民俗與信仰》（北京市：民族出版社，1999年），頁217。

它們不願意把死者的靈魂帶往天國。所以，天葬與一個人生前
所做的「業」有關，一個人死後能不能天葬其實根據他生前的
所作所為就已經決定了。如果他作惡太多，即使他們的家屬強
行天葬，神鳥也不會吃他們的肉。去年，下巴塘有一戶人家，
他的兒子是一個殺人犯，後來被法院執行了槍決，家屬將屍體
運往仲達鄉那邊的一個天葬臺進行天葬。但是，搞了一整天，
一隻神鳥也沒有召來，最後不得已只好實行土葬了。[38]

天葬師對天葬的解釋帶有一種神秘色彩。報導人䅲西桑結則給了
筆者另一種說法：

凶死是指那些以極端方式結束自己生命的死亡，比如上吊、自
殺、喝毒藥致死的。這些人死亡不能實行天葬，所以天葬與人
生前的「業」沒有必然的聯繫。即使一個人生前作惡太多，但
他如果正常死亡也可以實行天葬。活佛以慈悲為懷，不會因為
你生前作惡太多就不挽救你的靈魂；但是，你必須懺悔，家屬
也要幫你懺悔，做更多的善事，積極地向寺院和貧窮的老百姓
布施。去年，我們牧委會就有一個死在外面的，生前的名聲也
不好，後來家屬將屍體拉到巴塘天葬臺要求天葬。他們對寺院
做的「布施」就比平常人多，給天葬師的經費也比一般人的
多，就像你們漢人說的「走後門」的意思。我們藏族人相信，
人死以後只要在巴塘天葬臺進行天葬，靈魂就可以進入極樂世
界。[39]

---

38 採訪時間：2012年9月。
39 採訪時間：2012年10月。

　　兩位報導人的說法有些差異，前者更偏重於佛教的解釋，他把天葬視為一種社會控制的手段；而後者的解釋明顯包含一些地方信仰，把天葬視為生命控制的手段。事實上，在一些高僧的眼裏，以上兩位報導人的說法並不矛盾。班慶寺的堪布就向筆者表示，如果一個人生前的業力不好，那他肯定得不到好死，這樣的人大多死於刀槍之口或者傳染病。

1 巴塘天葬臺的地理位置

（1）天葬臺的構成

　　巴塘天葬臺距離班慶寺和吉然寺約 200 公尺，佔地面積 10 畝（1畝＝0.0667 公頃，下同，不再標注），主要建築群有大小佛塔數座、小經堂、「轉經輪」堂、「更仁」佛堂、施屍臺以及供僧侶閉關誦經用的幾十間房屋。

　　天葬主要在施屍臺完成。施屍臺由兩塊平整的大石磴組成。石頭呈長方形，重十幾噸，石頭的表面粗糙，面積約 15 平方公尺，可以同時容納多具屍體。兩個石磴面上散落著白色的碎骨、鳥毛與繩套。石磴的四周豎著許多旗杆，上面掛有各種各樣的風馬旗、經幡和龍達。天葬臺的後坡還有規模巨大的幡城，刻著「六字真言」的石頭分佈於四周，印有各種經文的風馬旗層層疊疊，掛在幾十公尺高的木杆上。按照當地群眾的說法，這個天葬臺有無比的靈氣，莫說是死人，就算是活人，只要能在天葬臺的施屍臺上躺一躺，或者用頭輕輕碰那裏的瑪尼石，死後靈魂就不會進入三惡趣。所以，有些牧民也在路過的時候帶上哈達獻給天葬師，然後閉上眼睛用頭去碰一碰周圍的瑪尼堆。

（2）天葬臺的選址

天葬臺的選址直接關係到亡靈是否能安靜度過「中陰」，順利投胎，因此選址要遵循一定的風水原則。吉然寺一名藏傳佛教僧人對筆者說：

> 天葬臺的四周必須光禿禿，而且正前方要有群山遮擋。只有這樣，死者的靈魂才不會留戀人世，能夠順利轉世。天葬靠禿鷲完成，一個法師在天葬的時候能不能召來禿鷲在很大程度上取決於天葬臺的風水，因為它會吸取天地之靈氣。巴塘天葬臺在地形上與佛經所描述的「地有八瓣蓮花相，天有九頂寶幢相」非常吻合，天葬臺中央地下有「十相自在」伏藏及上中下三個壇城等瑞相。在這樣的地方天葬，亡靈可以不受世間的一切污染，安靜度過「中陰」，順利實現轉世。所以，它是千百年來巴塘、結古等遠近四方信眾進行天葬的理想之地。[40]

在巴塘鄉，除了吉然寺附近有天葬臺以外，岔來村仁青林寺附近一塊向陽的半山坡上也建有一個小型天葬臺。天葬臺分為上下兩層，均由重幾噸的大石塊組成。據說，60 歲以上的老年人死亡，其屍體多在天葬臺的上層肢解；而 60 歲以下死者進行天葬，他們的屍體普遍在下層肢解。對此，天葬師的解釋是，60 歲以上的老年人靈魂離天比較近，神鳥在攜帶他們的靈魂迴天國的路程要比帶那些 60 歲以下人的近一半以上。非常明顯，這是巴塘鄉年齡等級的表現。

---

40 採訪時間：2012年10月。

2 巴塘的天葬

（1）弔唁

人死之前，法力高深的活佛一般提前為死者念上路經，並做「拋哇」儀式。活佛先在死者的旁邊坐下，點上一盞酥油燈，然後念一種叫作《帕》的經文為亡靈指路。念經結束以後，活佛閉上眼睛，突然大叫三聲，告訴靈魂該離開屍體了；緊接著用念珠在屍體的額頭輕輕敲，然後從死者的頭上拔一根頭髮下來。顯然，這項工作是對「拋哇」儀式效果的檢驗。在許多民族觀念裏，都有靈魂寄存在頭髮的說法。[41]如果「拋哇」儀式成功，那麼不費力氣就能把頭髮拔下來。但是，如果死者生前罪孽太重，無論活佛如何念經都不能使他的天靈蓋開啟，頭髮自然也就掉不下來。家屬是非常忌諱這種情況的，因為這意味著死者的靈魂不能進入三善趣。「拋哇」儀式以後，家屬緊接著要向陰間報喪。他們在家門口掛一個陶罐，裏面放乳、酪、酥的糌粑給死者享用；然後用加入香柏葉的鹽水為屍體擦身，並將屍體捆成胎兒狀，用白色的氈毯裹上，用土坯做墊，放在屋內大廳左側的角落。在停屍的數天中，需請僧人早晚念經超度死者的靈魂。在巴塘鄉，薩迦派與噶舉派都偏重密法，這些法師念經時一般都會戴著一頂繡有骷髏頭飾的馬頭形帽，面罩黑紗。據說這樣做是為了不讓靈魂看見活人的眼睛，能更有效地割斷死者對人世的留戀，讓其靈魂順利上路。

（2）出殯

停屍數天後，家屬會請活佛打卦選擇日子出殯。出殯時，家人用白糌從屍體處到家門口撒一條線，然後由死者的子女沿著白線把屍體

---

41 參見〔英〕J.G弗雷澤著，徐育新、汪培基、張澤石譯：《金枝》（北京市：中國民間文藝出版社，1987年），頁952。

背到門口,再轉交給天葬師。當死者被天葬師背起時,家屬指定一個
與死者同齡的人一手拿掃把一手拿破方簍,把糌粑撒成的白線掃掉,
把掃起的糌粑、掃把以及墊屍體的土坯統統放入方簍裏,然後與家屬
緊跟在背屍人後面;當走到十字路口時,他們就把這些東西扔在路
口,表示把鬼送走,然後返回家裏。其它送行的人每人手中都拿著一
炷香,在這一過程中,背屍人和送葬者均不得回頭,一直向前走到天
葬臺為止。在路過天葬臺門口的白塔時,死者的親屬分批圍繞著白塔
轉3圈。背屍人背著屍體在白塔轉3圈後,繼續背著屍體繞葬屍池逆
時針走3圈,然後把屍體放在石礅旁,並在石礅上面鋪上黃布墊住屍
體,準備天葬。

(3)天葬

天葬開始之前,先進行煨桑。由一僧侶在天葬臺附近燃燒起松柏
香堆,並在香堆上撒三葷三素的糌粑,這是向遠近山中的禿鷲們發出
信號。禿鷲收到這些信號以後會迅速從四面八方飛來,降落在天葬臺
四周的山岡上,它們是天葬過程中最得力的助手。禿鷲,又名禿鷹、
坐山雕,是生活在高海拔地區的一種鷹科動物,身體長約 110 公分,
體重為 711 千克,翅膀張開以後身體大約長 2 公尺、寬 0.6 公尺。禿
鷲以食腐肉為生,嘴帶勾尖,可以輕易啄破和撕開堅韌的牛皮。[42]在
巴塘鄉藏人的眼中,禿鷲是神鳥,是天國派來將靈魂帶往天國的使
者。巴塘鄉流傳著這樣的傳說:

> 禿鷲長著特殊的身體是為了方便攜帶人類的靈魂前往天國。禿
> 鷲天性慈悲,就算餓死也不會傷害哪怕一隻螞蟻。有一天,佛

---

42 參見鄭作新:《中國經濟動物志——鳥類》(北京市:科學出版社,1933年),頁133。

祖釋迦牟尼來到它們的旁邊問：「你們想不想皈依佛門彝」禿
鷲立即點頭應答。釋迦牟尼說：「那好，我派你們去拯救人類
的靈魂吧。」他摸了摸它們的頭頂，禿鷲頭頂上的毛立刻脫
落，接著他又向禿鷲的脖子吹了一口氣，禿鷲的脖子立刻長滿
了一圈長長的羽毛，從此被佛陀安排執行天葬中引領靈魂昇天
的重任。因此，今天禿鷲食屍體時光禿禿的腦袋方便它們把頭
伸入人體的腹腔，而脖子上的羽毛就像餐巾一樣，防止食屍時
弄髒身體。

　　禿鷲到天葬台以後，僧侶們在經師的帶領下圍著天葬台坐下，開
始念經超度死者。在念經的同時，天葬師就開始進行天葬了，直到把
死者的屍體處理乾淨為止。

3　天葬的限制條件

　　巴塘鄉的天葬雖然流行，但是在實施過程中也明顯受到一些條件
的限制。

　　首先，天葬受到死亡原因的限制。在巴塘鄉的「地方性知識」體
系中，那些患重大傳染病死亡的人是不能天葬的。報導人解釋說，這
些人其實是鬼，他們前世作孽太多，今生雖然以人形投胎，但身上有
毒氣，所以才會患傳染病。他們身上的這種毒氣會通過空氣傳播，死
後靈魂也會攜帶這些毒氣，嚴重威脅神靈的安全。所以，他們死後不
能到神聖的天葬臺天葬，只能實行土葬。事實上，從客觀的角度來分
析，那些患重大傳染病而死的人只能實行土葬不能實行天葬，可能與
當地群眾樸素的環保主義有關。比如，人們生怕禿鷲吃了這些有傳染
病的屍體以後會發病身亡，這一推論在巴塘天葬臺貼出的一則通告中
得到了印證：

禁止在天葬臺及周邊儲存和堆放易燃、易爆、劇毒、腐蝕、放
射性物品或者堆放垃圾，禁止排放工業和生活污水。因中毒、
暴病或者因傳染病死亡的，其屍體不得送往天葬臺進行天葬。[43]

其次，天葬受自然條件的限制。在巴塘鄉，人們遵守一個鐵的定
律，如果一個人在 7 至 8 月青稞成熟的季節死亡就不能實行天葬。當
地老百姓認為，這個季節是神賦予人類糧食的季節，在這期間死了人
就是對神不敬，如果再實行天葬會把許多神激怒，輕則影響來年的收
成，重則可能會發生大面積的瘟疫，影響全鄉老百姓的健康。75 歲
的老年人格容曾向筆者表示：

> 7 至 8 月天葬不好，靈魂不能升入極樂世界。人的靈魂如果要
> 登入極樂世界一般要借助神的幫助，禿鷲就是神派來的。但是
> 7 至 8 月是神賜予人類糧食的日子，是一個豐收喜慶的時段，
> 人神同樂。神也同人一樣，沉浸在喜悅的氣氛當中，根本沒有
> 時間管理人間的事情，他們也不會派天國的使者來攜帶死者的
> 靈魂。所以，如果這個時段天葬的話，靈魂會在天空中停留很
> 久。由於不能及時去天國，它還有可能跟著家人回家，給整個
> 家庭甚至鄉里帶來不利。[44]

報導人的解釋著眼於靈魂的轉世方面，帶有神秘的主觀主義色
彩。事實上，如果深入考察巴塘鄉的生產生活，便可發現 7 至 8 月是
巴塘鄉牧民一年生產中最重要的時段。正如筆者在本章第一節所描述
的一樣，每年 7 至 8 月是蟲草銷售的旺季，家家戶戶都會將從山上採

---

43 巴塘天葬臺宣。
44 採訪時間：2012年8月。

集到的蟲草拿到結古鎮的格薩爾廣場出售。全國各地的商人也多是在
這個時候趕來玉樹收購蟲草，各商家為了收到上等的蟲草，競相抬
價，這無疑增加了牧民們的底氣，他們有足夠的耐心和時間與商家討
價還價，使自己的蟲草賣到一個相對高的價格。到了 8 月以後，收購
商就會撤回，這時候蟲草要麼掉價，要麼賣不出去，只能將它曬乾放
到家裏的櫃子裏等待第二年才能賣出。但通常的情況是，第二年又有
新鮮的蟲草上市，老的蟲草自然就掉價了。所以，每年的 7 至 8 月是
蟲草銷售的黃金季節。與此同時，牧民們也會利用這個外出的機會採
購一年的生活必需品，這段時間對他們來說無疑是最寶貴的，如果恰
恰在這個時候家裏死了人，家庭要花大量時間來辦喪事，那麼花在銷
售蟲草這方面的時間就相對減少。換言之，銷售蟲草並不是一件很簡
單的事，如果一個牧民想把自己的蟲草賣到一個好的價格，需要花更
多時間去和收購商討價還價。38 歲的阿曲大哥對筆者談起了他到格
薩爾廣場賣蟲草的經歷：

> 賣蟲草要比採蟲草難呢。採蟲草只要體力和眼力好就行了，賣
> 蟲草還要頭腦靈活。我們比不上那些外地來的商人，他們很會
> 說，討價還價總有一套，我們藏族人在這方面不太行，嘴皮子
> 講不過人家。我第一次去格薩爾廣場賣蟲草的時候就上過當。
> 當時一個商人壓價，他給我講了很多理由，說國家檢測出蟲草
> 不符合標準，馬上就會禁止銷售了，讓我們趁國家出臺檔前趕
> 緊賣掉。我一聽就相信他了，就賣了個很低的價錢，後來才知
> 道這個消息是假的，後悔著呢。現在我有了經驗，去賣蟲草就
> 不會輕易被騙。我會在市場裏轉很久，先看人家賣，再拿自己
> 的蟲草與同類的比較，一家一家地問商家，看哪個出的價格
> 高，才會和他談。有時候一兩天碰不到願意出高價格的商家，

我們就在廣場那裏搭個篷睡覺。每天尋找不同的商家，一個一個問，然後用筆記下價格。有時候隔一天問同一個商家，他給的價格也不同，就以多的那個和他談。一般要問遍所有的商家，問多幾次，看誰出的價格高才賣給他。[45]

當然，7 至 8 月除了是牧民一年中生產的黃金季節以外，同時也有一個難得的節日，那就是賽馬節。賽馬節是玉樹牧民的傳統節日，這個節日是為了紀念藏族的英雄人物格薩爾王。據說，格薩爾王就是以賽馬稱王的。後來，玉樹州政府把每年從 7 月 25 日開始的 7 至 10 天定為賽馬節，賽馬的地點位於結古鎮向西行 3 公里一個叫紮西科的草原上。賽馬節對巴塘鄉的牧民來說是最重要的。每年這個時候，牧民們都會為自己喜愛的馬精心打扮一番，然後騎著馬到草原上參加比賽，一展英姿。在比賽中贏得勝利的人會被大家另眼相看，不僅獲得政府的物質獎勵，更重要的是贏得鄉里人的尊敬。因此，賽馬事實上也是一種爭取社會地位的手段。

綜上所述，7 至 8 月對巴塘鄉的牧民來說是重要的。如果在這個時候家裏人死亡，那麼「死人」與「活人」無疑在搶時間，這確實打亂了一個家庭整年的生產乃至生活。事實上，除了 7 至 8 月是重要的生產生活時間以外，限制這個時間段天葬的因素還有氣候。由於天葬這種儀式必須借助禿鷲完成，而禿鷲是喜寒的動物，7 至 8 月又是巴塘鄉一年中最熱的季節，在這個季節裏，禿鷲的活躍度沒有那麼強，食欲也會相對低很多，因此人們擔心發生屍體吃不乾淨的現象。這對於信仰藏傳佛教的牧民來說是致命的。在當地人的觀念中，屍體如果不被禿鷲吃乾淨，就表明這個人生前作孽太多，靈魂得不到好的轉

---

45 採訪時間：2012年8月。

世。所以，如果在這個時間段死人，家屬一般對屍體進行如下處理：將屍體捆成胎兒狀以後，用白布或者毛毯包裹起來，在乾熱的沙土上挖一個淺坑，暫時將屍體埋下，待能實行天葬的時候再把屍體挖出來送往天葬臺。也有些人家不埋屍體，而直接將屍體運往天葬臺交由天葬臺暫時「保管」，待能實行天葬的時候，家屬再準備各種必需品前往天葬臺為死者送行。

　　除了前面兩個因素之外，天葬臺的數量少也對本地天葬形成了限制。巴塘天葬臺雖然在巴塘鄉境內，但是由於它是覺哇久丁桑貢大師創立的，聲望如日中天，所以它的輻射面積遠遠超過了巴塘鄉，附近一些地方如結古鎮、仲達鄉甚至稱多縣歇武鎮的許多藏族群眾也經常將屍體運往這裏天葬，這就出現了運去的屍體不能及時得到天葬的情況。一般情況下，一場天葬儀式所耗費的時間需要 3 小時，如果同時送來的死者過多，就出現死者屍體得不到及時處理的情況。譬如在 2010 年玉樹大地震發生時，人員傷亡慘重，當地一天就送來 20 具屍體，根本沒有辦法應付過來。筆者在田野調查過程中就發現，一些從稱多縣運來的屍體都已經等了好幾天，這些屍體全部用白布裹著，許多屍體的肌膚還長出了綠色的斑點，發出陣陣惡臭。

（四）土葬：普通牧民懲罰靈魂的方式

1 巴塘鄉的土葬概況

　　巴塘鄉的土葬場很少，這既與歷史上土葬不受歡迎相關，也與當地的地理氣候條件相關。由於地處高海拔地區，空氣稀薄，氣候寒冷，大量的土地都會出現冰凍現象，特別是在 11 月份以後，地下 10 公分處普遍出現凍土，深度達 82 公分，翌年 3 月以後才解凍。此外，11 月也是巴塘鄉普降大雪的時候，群眾戲稱這個時期是「老天爺排

泄」的時期，據悉降雪最多的年份達 145 天，最少也有 100 天。[46]這種條件對土葬不利，阻礙了墳場的開拓，所以當地並不是每個村莊都有土葬場的，往往是多個村莊合用一個土葬場。目前，巴塘鄉的土葬場都是傳統留下來的，如果死者需要土葬，人們會自覺地把屍體運到土葬場裏去。在相古村南部 10 公里一個背陽的半山坡就有一個土葬場。據當地老百姓說，那個地方以前是戰場，死人很多，就地埋葬，慢慢地那裏就演變為墳場了。由於那裏冤死的人特別多，所以冤氣很重，老百姓平常都不願提及那個地方，說是那裏經常鬧鬼。76 歲的老人平楚說他見過鬼。他對筆者繪聲繪色地描述道：

> 鬼的皮膚全是白色的，身體可以變動，遠看的時候只有一個小點，近看的時候比人還要大，但是沒有血肉。大多數的鬼既沒有腳，也沒有頭。他們全是影子，隨著風到處遊蕩，還可以跟著人回家，讓家人生病，或者把厄運帶給家裏人。一般情況下，老百姓半夜是不會經過那個地方的，白天經過那個地方也要做好措施。比如，不能順風走，必須要逆著風向走。因為鬼主要是隨風移動的，如果順風走，多半會被鬼上身。一個人被鬼上身以後就必須請大活佛來打鬼，否則這個人就會生病，嚴重的就會死掉。[47]

社會的等級結構總是影響著當地的文化邏輯。由於土葬被視為一種下等的、低賤的、懲罰性的葬式，因此整個處理過程非常簡單：屍

---

46 此處所列資料來源於巴塘鄉政府提供的資料，係20世紀以來的氣象統計資料，但是青藏高原5,000年來的氣候變化是「由寒冷轉向暖和」的，則可以說明在7至11世紀，凍土層的厚度與降雪的時間絕不比現在少。

47 採訪時間：2012年9月。

體不需要棺材，僅用白布裏住即可。出殯的時候把屍體放入背屍筐背到墓地，背屍筐即可丟棄。下葬的時候，先用鐵鍬往地底下敲打，使地下的石頭鬆開，然後再用鐵鋤挖坑。成形以後的墓穴呈圓形，大約半公尺深。屍體下葬時呈屈肢蹲坐的姿態，占的空間比例不大。屍體下葬時的面向沒有講究，但家屬一般傾向於面朝東方。雖然在當地的文化觀念中，這是一種不好的喪葬方式，但是作為家屬，或多或少會對死去的親人有一絲難捨的感情，而接受了藏傳佛教的藏族群眾視東方為吉祥，把親人面朝東方安葬表達的是家屬心中的一種希望，即希望死人有個美好的轉世。很顯然，家屬的這種情感是不被當地的文化系統認可的。借用人類學家雷德・菲爾德關於「大傳統」和「小傳統」的概念加以表達，從中我們可以看出大傳統對小傳統的覆蓋，或者說主流文化對亞文化的壓制。屍體放入坑以後立即填土，然後在地面建一個小墳包，在墳包的四周插竹竿掛經幡。

　　在這之後，無論是春節還是清明節或者平常的任何時間，人們都不會去上墳。換句話說，如果一個人死後實行土葬，也就意味著「他」今後不再與這個社會有任何聯繫了。

2　土葬與社會控制

　　自從佛教傳入玉樹以後，苯教推行的土葬逐漸受排斥，演變成了一種下等的喪葬方式。過去，巴塘鄉的土葬主要針對兩類人：第一類是部分「滅倉」或者「差約」的後裔。在部落制度時代，這兩個階層的人處於橄欖球狀社會的最底層，「民主改革」以後，他們有的也分到了小部分草場，但遠遠不足以維持生活開銷，用當今流行的話來說，他們都是巴塘鄉的貧困戶。從經濟層面考慮，窮人之所以選擇土葬主要是因為它花費少，不需要葬具，也不用請太多的僧侶念經，更不需要做任何布施活動。第二類實行土葬的人群是那些死於刀殺、槍

殺或者重大傳染病的人。對於那些死於刀口、槍口之下的人或者患重大傳染病死亡的人來說，土葬遠遠超越了經濟和階層的含義，但是它並沒有脫離等級，只不過這種等級是道德觀念上的。近些年來，隨著巴塘鄉醫療衛生的改善，幾乎已經沒有重大的傳染病發生。而在社會治安方面，隨著政府管理力度的加強，巴塘鄉的社會治安已經越來越好，過去通過刀槍解決衝突的事件正在大幅度減少，因此死於刀口和槍口下的人也越來越少，再加上人們可以通過「走後門」的方法為那些死於刀口和槍口的死者實行天葬，因此土葬適用的空間逐漸被壓縮。儘管如此，土葬仍然作為一種象徵給予人們警示：一旦你做了壞事，時刻面臨著下地獄的可能。接受了藏傳佛教信仰的巴塘人普遍相信，土葬這種屍體處理方式會增加罪孽。報導人紮西桑結對筆者表示：

> 土葬時要把屍體埋入泥土，通常情況下需要很長時間屍體才能腐爛，在這個過程中屍體會生出很多蛆蟲，它們專靠食屍體為生，當屍體完全腐爛以後，這些蛆蟲就會餓死。也就等於說，一個人的死亡導致千千萬萬的小生命死亡，這就是罪孽。如果一個人生前道德品格不好，已經有了很大的罪過了，死了以後又實行土葬，將會再一次增加罪過，那麼死者的靈魂就會掉入十八層地獄，從此再也沒有轉世的機會。[48]

這種宗教觀念進一步影響到死者家屬的社會地位。巴塘鄉的許多老百姓認為土葬會讓死者的家屬一輩子抬不起頭。哪怕一些經濟條件差的家庭日後過上了好生活，但是每當別人路過墳地時想到其家人曾經實行土葬，就會從心裏看不起這家人。家屬每當想起過去給親人土

---

48 訪談時間：2012年9月。

葬，心裏也會萌發一種自卑感，形成長期的心理陰影揮之不去。土葬導致這個家庭的社會地位得不到應有的提高。

（五）水葬：未成年的重生之禮

1 孩子的死因

　　在巴塘鄉，13 歲以下的孩子只要患病則很容易死亡，這主要基於三個方面的原因。

　　首先，牧區的醫療衛生條件有限，藥品缺乏，很多好的藥都進不來。嬰兒的死亡在巴塘鄉幾乎每年都有，最常見的是 9 個月大的嬰兒。這時由母體傳給他們的一系列抵抗力已經完全消失，他們正在適應新的環境，如果在此期間不注意給嬰兒保暖的話，他們會很容易感冒、發燒，進而引發水腫和各種疾病導致死亡。其次，與當地的風俗有關。由於巴塘鄉的宗教信仰非常濃厚，在當地老百姓看來，生與死是人與佛之間的事情，與醫院無半分關係。很多時候，牧民自家的小孩生病，他們都是去念經求佛，即使用藥，也只會用一些民間的草藥，很少去醫院拿藥。當然，民間的草藥並不完全沒有療效。但是，很多牧民沒有醫學知識，有些病雖然表面上症狀相同，但是其發病的機理不同，所以牧民用草藥治病容易出現「鬍子眉毛一把抓」的情況，用了兩次草藥不見療效後，就會放棄治療，結果病情發展嚴重以後便導致死亡。最後，牧區的流動性比較強。老百姓的生產勞動主要是在外搭帳篷放牧，逐水草而居的游牧方式還在一定程度上有所保留。家裏的年輕人外出放牧以後，留守家裏的是老年人和小孩，一旦小孩生病，老年人也無法及時把他們送往醫院治療，導致病情延誤甚至惡化而死亡。筆者曾粗略統計，巴塘鄉相古村 2011 年的嬰兒死亡率，2011年新生嬰兒有 10 個，就有 2 個死於感冒，可見死亡率還是比較高的。

正因為未成年人的死亡率偏高，所以巴塘鄉針對未成年人的死亡，特別是嬰兒的死亡專門實行一套獨立的喪葬制度，它是巴塘鄉社會試圖以文化手段控制嬰兒死亡的反映。

2 水葬：夭折孩子的轉生之禮

（1）水葬的程序

在巴塘鄉，13 歲是劃分成年人與未成年人的天然界線。當地老百姓認為，13 歲以下的孩子靈魂很小，甚至還沒有成形，還不能算真正的人，因此他們死亡以後在喪葬方面自然不能與其它人群相同。巴塘鄉 13 歲以下未成年人死亡時主要採用水葬的方式處理屍體。

水葬的程序比較簡單：人死以後用香柏葉浸泡的水給死者洗身，然後用酥油在死者的手心點紅點。據當地人說，小孩的亡靈到陰間以後會被小鬼抓去搓冰雹，搓到雙手紅腫，家屬們把死者的手心點紅就是為了騙陰間的那些小鬼，避免亡靈在陰間搓冰雹。死者出殯時用牛皮繩將屍體捆成胎兒狀放入籮筐中，由背屍人背往水葬點。到了水葬點以後，先舉行簡單的祭奠超度，然後眾人將屍體的衣服脫光，慢慢放入河流，讓屍體順著河水流走，整個喪葬儀式就算結束了。除了水葬以外，一些家庭還為 2 歲以下的孩子實行水土葬，具體做法是用毛毯裹住孩子的屍體，然後埋於河流的淺灘處。

（2）水葬點的選址

水葬與水土葬這兩種葬法都離不開水，因此在選址上有相對嚴格的地理空間要求。

巴塘鄉的水葬點主要集中在格曲河下游，河裏並沒有一個固定的點。換言之，整條河流都可水葬，具體在河流的哪一個點棄屍則由家

屬決定，只要葬了死者以後在岸邊豎起經幡即可。當地的老百姓對筆
者說，過去家屬在考慮這個問題時一般以距離近、方便實施為原則。
不過，近年來，越來越多的老百姓把這個決定權交給喇嘛。雖然整條
河都可以水葬，但是地點的選擇是很重要的，因為這關係到死者的轉
世。田野調查中發現，適合做水葬點的河流流向一般向東，其地勢北
高南低，在地形上南部、西部和北部的山呈現三角的形狀。水葬點的
水流速度一般比較平緩。班慶寺的阿卡對水葬點選址的解釋是：

> 水葬點主要是用來水葬死亡的孩子，但是水葬點同時也可以用
> 來埋葬那些夭折的孩子，即老百姓經常說的水土葬點。所以，
> 活佛在選擇水葬點的時候不能光看河水，還需要看水葬點附近
> 的土。一般來說，水葬點都是在幾條小溪的交匯處，這些小溪
> 各自呈彎曲流向，這樣才能夠引導亡靈在「中陰」反思前世的
> 罪惡。直流的那些河流是不適合水葬的，因為人生並不總是一
> 帆風順。另外，要注意水葬點的淺灘處是泥沙多還是泥土多，
> 泥土太多不適合做水葬點，因為泥土在水中有黏性，會導致亡
> 靈依戀人世，不利於轉世，因此一般要選擇泥沙多的地方。[49]

　　一些報導人也從地形的象徵意義對水葬點進行解釋。75 歲的老人
阿旺告訴筆者：

> 水葬場既是亡靈離開人世的終點，也是亡靈轉世為人的起點。
> 具體到下葬的地點，還是要優先選擇那些有三岔河水交匯的地
> 方，河水的流向朝東最好。如果這個地點南部、西部和北部的

---

49 採訪時間：2012年9月。

山呈現出三角形，對水葬點形成包圍最好，它像婦女下體的三
角區域一樣，將天折的孩子緊緊捆住。一個家庭的孩子死亡
後，要捆成胎兒狀葬在那裏，下葬的時候，將死者頭朝東、腳
朝西，就像剛從母親的子宮出來的狀態一般；然後請喇嘛念
經，孩子的亡靈就慢慢與母親的身體融為一體了；到了七七四
十九天的時候，他就有可能找到那些將要懷孕的婦女，到其子
宮裏面投胎，再次轉世為人。[50]

　　在藏族的許多地方，人們選擇水葬場時考慮的中心問題是那裏的
水是否能夠沖走一具屍體，即水的流量與流速問題，但是巴塘人在這
方面並沒有太多的考慮。比如，格曲河的水葬點，每到冬天的時候，
水位嚴重下降，但是這並不影響人們實行水葬。有報導人告訴筆者，
人們對天折的孩子選擇水葬並不是要沖走屍體，因此水的流速與流量
都不構成水葬的障礙。只要有水，即使水很少或者是死水，都可以作
為水葬點，前提是要經過喇嘛打卦認可。所以，人們可以一年四季在
格曲河實施水葬，不受季節的限制。設在那些小水溝的水葬點一到冬
天水就會結冰，對此人們會採取變通的方式，即把屍體放在水葬點的
淺灘處，實行水土葬。筆者在實地考察中也發現，巴塘鄉幾乎所有水
葬點的水流在正常情況下都不能夠沖走一具屍體，很多實行水葬的屍
體還漂在水面上，皮膚泛白，甚至發出一些異味。在一些水葬點的淺
灘處，甚至可以看見一些頭骨和毛髮。

3 水葬：從薩滿信仰到佛教信仰

　　水葬背後隱藏著什麼樣的文化內涵呢？即為什麼人們要對孩子實

---

50 採訪時間：2012年8月。

行水葬呢？筆者據此訪問了多位藏族群眾，綜合起來，大致有三種解釋。

第一種說法認為，生命來源於水，水是促使生命合成的元素。巴塘鄉大多老年人認為，藏族群眾的祖先是放牧的，人在放牧的時候都是跟著牛羊走，而牛羊跟著河水的方向走，因此水可以孕育萬物。給 13 歲以下夭折的孩子實行水葬，就是將死亡的元素放回到水裏去，創造出另一個新的生命。這種解釋比較原始，其思想包含樸素的唯物主義，可見它是薩滿時代人類關於生命迴圈觀的一種遺留。

第二種說法認為，水葬是把小孩送給水下的龍神，通過祭祀龍神換取人間的風調雨順。巴塘鄉歷史上曾經受苯教的統治，這些遺跡在水葬中也表現出來。龍神就是苯教的神靈，至今巴塘鄉藏族群眾還認為它是水中之王，主管雨水，並決定世間萬物的生長。據說，龍神特別喜歡小孩，他得到小孩以後就不會破壞人間。這種說法表現了巴塘藏族人對鬼神的畏懼。在苯教信仰體系裏，龍神扮演著重要角色，它喜怒無常，是苯教徒最擔心受害的一個神，苯教徒總是儘量去討好它，原因就是出於對它的畏懼。

田野裏還有一種普遍的說法是水葬有利於克服孩子在「中陰」的恐懼，保證靈魂順利投胎。大多數巴塘人認為，小孩喜歡玩水，人剛死的時候，亡靈也會與生前一樣喜歡玩水，因此水葬就是為了滿足亡靈的願望。小孩的亡靈在水中嬉鬧，可以忘記一切憂愁，愉快地度過「中陰」。靈魂在轉世為人的旅途中，都需要渡過一條河，河面設有許多關卡，對亡靈進行各種考驗，只有順利通過各種考驗的亡靈才能順利投胎為人。由於孩子的社會經驗少，很多關卡過不去，不能順利轉世，實行水葬就是為了讓亡靈熟悉轉世中渡過的那條河，有利於他們順利轉世。這種說法很明顯帶有佛教的印痕，其中的「投胎」、「轉世」等字眼就是最好的說明。

　　表面看起來，以上三種解釋似乎相互矛盾，但事實上，它們構成了巴塘地方信仰體系的有機組合，從中我們也可以清晰地看出當地的信仰由薩滿過渡到佛教的過程。雖然從當地老百姓對水葬的解釋中看不出水葬是一種下等的喪葬方式，但是人們把是否實行水葬看作成年人與未成年人的界線，其本身就是觀念等級結構的延伸。

第四節　由死向生：重生的等級觀

　　巴塘的葬式與社會結構有著緊密的聯繫，在彌漫著等級色彩的巴塘社會結構中，各種葬式與社會各階層對應起來，從而塗上了明顯的等級色彩，它們彼此之間構成了巴塘社會完整的葬式體系。

　　不難發現，在巴塘的各種葬式裏面，天葬是最普遍、最流行的，塔葬、甕棺葬與土葬是最少的，這種現象與巴塘呈現的兩頭小、中間大的社會結構基本一致。因此，筆者以最流行、最普遍的一種喪葬——天葬概括巴塘的喪葬文化，將之稱為天葬文化模式。在這一套天葬文化模式裏面，由各葬式構成的等級結構其實也是巴塘人關於死亡觀念的思維結構的反映。換言之，這些葬式只是巴塘人死亡觀的外在表現形式而已，它與巴塘人所秉承的宗教信仰息息相關。

一　「含括」苯教等級觀的三道輪迴

（一）「含括」黑教信仰的白教信仰

　　宗教信仰方面，巴塘藏族群眾對藏傳佛教表現出絕對的虔誠，誠如民國學者周希武的描述一般：「二十五族男女三萬餘口，壯丁不過萬餘，而僧徒至九千餘人，居三分之二。蓋蕃俗家有二男，則一男為

僧，或一男一女，則男子為僧，女子繼產。」[51]目前，巴塘鄉共有 7 個藏傳佛教寺院，它們分別是：

> 班慶寺，又稱邊欽寺，位於巴塘鄉西 1 公里的紫西拉則山底，為噶舉派，其中黑帽係第十世活佛卻英多吉（1604-1674 年）在此寺院灌頂，由此該寺聲名大振。
>
> 吉然寺，又稱吉拉紫寺或卓瑪巴雜寺，位於巴塘鄉境內的卓瑪巴雜崖根，為直貢噶舉派，由吉然家族走出來的覺哇久丁桑貢創立，並因天葬臺而聞名天下。
>
> 禪古寺，位於結古鎮南外 4 公里的禪古村，屬藏傳佛教直貢噶舉派，有查來嘉貢、禪古朱古、斯日朱古、噶瑪洛周尼瑪四個活佛轉世系統。
>
> 相古寺，位於巴塘鄉相古村西南的一個山坡上，屬噶舉派，該寺因相古山似浮雲而得名。據傳，唐文成公主於進藏時路過這座山，她在這座山修建了格側卻丁佛塔，信徒多來自結古、鄧柯、昌都等地。
>
> 文成公主廟，又名「沙加公主廟」、「大日如來堂」，位於巴塘鄉東南 16 公里的貝納溝，屬於直貢噶舉派，係唐朝貞觀年間文成公主於進藏途中所建。
>
> 當頭寺，位於玉樹縣巴塘鄉當頭村所在的拉娘山腰，係薩迦派寺院，它是青海、西藏、四川三省（自治區）交界處最偏僻的寺院。
>
> 仁青林寺，位於巴塘鄉的盆來村的象鼻山上，屬藏傳佛教薩迦派。相傳由元朝國師八思巴親自選址而建，在元明兩代是薩迦派在玉樹傳播的主要據點。

---

51 周希武著，吳均校釋：《玉樹調查記》（西寧市：青海人民出版社1986年），頁73。

在上述 7 個寺廟中，其中前 5 個屬於噶舉派，後 2 個屬於薩迦派。由此可知，巴塘鄉的寺院中花教占少數，白教占多數。顯然，巴塘鄉藏族群眾所秉承的信仰裏佛教是「含括」苯教的，承認鬼的存在、給鬼雕刻 108 塊石板、吸收苯教的傳統修持便是最好的說明。這樣的例子非常多，如吉然寺在每年藏曆的 3 月 28 日、29 日都要跳金剛神舞，從藏曆 2 月開始，全寺僧人便集中誦經，持續 1 個月。念經期間，寺廟會用彩粉繪製壇城，用糌粑做一個人形怪物「棱嘎」，將其當作教敵或邪惡的化身。3 月 28 日、29 日正式表演神舞，眾神要把「棱嘎」砍成碎塊用火燒掉，象徵教敵與邪魔已被斬盡，教法如旭日東昇庇護眾生。

（二）等級的宇宙觀與靈魂觀

這種「含括」黑教信仰的佛教信仰也深深地烙在巴塘藏族人的宇宙觀中。佛教將彼岸描繪成六道空間，認為人的生命反覆以某種形式迴圈在地獄道、餓鬼道、畜生道、阿修羅道、人道與天道當中。前三者稱為三惡道，後三者稱為三善道。藏傳佛教的教義根源於印度佛教，因此不管是白教還是花教，其對六道輪迴空間的解釋皆遵循佛經之上的描述，但是白教與花教在傳入玉樹巴塘的過程中吸收了許多苯教信仰的因素。因此，在巴塘鄉的「地方性知識」裏面，人們明顯將佛經描述的六道輪迴賦予了地方色彩，從而使這些觀念有了地方性的差異。

在巴塘鄉，由於等級的社會結構非常突出，政教合一的統治制度在確立這些觀念時將苯教宇宙的等級觀完全融入了六道輪迴的死亡觀點當中，使巴塘藏族人的宇宙觀帶有濃厚的等級色彩。巴塘鄉的藏族人無法確切地描述六道空間，許多藏族人更不知「六道」為何物，但是他們相信宇宙是有等級的，不同的空間住著不同的群體。則布登巴

是當地大家公認的「地方性知識」專家，他向筆者描述了巴塘藏族人的宇宙觀：

> 整個宇宙分成天上、地上和地下。天上是最好的地方，那裏住著各路神仙。天有十八層，越高的地方景象越漂亮，我們藏族人相信十八層天的屋子全是用黃金鋪成的，吃的、穿的和用的也全是用金子製成的，那裏住著佛爺。相應來說，地獄也有十八層，十八層地獄不好，因為那裏有很多餓鬼。那裏沒有陽光，沒有白天和黑夜之分，到處漆黑一片，那些鬼生活在暗無天日的世界裏，他們不能來到陽間，因為活佛會把他們趕走。在地獄第十八層的鬼個個都戴著手銬和腳鐐，一輩子都動不了。在天上和地獄之間就是人間了，一個人死後可以到天上去，也可以到地獄去，也可以轉世為人，或者轉世為動物，這由個人念經的多少和對佛的虔誠來決定。[52]

　　這種說法將六道空間概述為天上、陸地與地下的三層空間，很明顯受到原始薩滿教的影響。原始薩滿教認為的三層空間並無明顯的等級結構，靈魂在三層空間可以垂直流動。然而，在王權至上的時代，苯教卻賦予這三層空間以等級觀。當接受了佛教的輪迴觀念以後，巴塘人又將苯教的三層空間觀嵌入佛教的死亡世界中。與這種帶有清晰的等級宇宙觀相適宜的是巴塘藏族人關於靈魂的看法。巴塘藏族人普遍相信靈魂是控制生命的一種客觀實在，靈魂之所以是客觀的，是因為它能夠「看」得到。報導人絮西桑結說：

---

52 採訪時間：2012年8月。

> 雖然靈魂在骨骼裏，但是它的位置並不固定。人活著的時候，
> 只要他睡覺，靈魂就會離開他的身體，去到很遠的地方，有時
> 候會出現迷路的現象，這時家人需要找喇嘛說明那個人把靈魂
> 追回來。如果靈魂永遠離開人的身體，人就出現死亡的現象。
> 人死亡的時候，靈魂一般會附在肩胛骨上，所以天葬時家屬一
> 般要向天葬師索取肩胛骨。[53]

在巴塘人看來，靈魂還有神力，可以保祐一個人健康長壽。筆者
在田野調查中發現，巴塘鄉許多男女牧民的項下戴有「嘎烏」，俗稱
護身盒，大小不一，一般男用方形女用圓形。「嘎烏」係金銀銅器製
成，內裝的就是人的肩胛骨，牧民多將其掛在頸下，垂在胸前，晝夜
不離。報導人紮西桑結脖子上就掛有一串松稞，那是用牛皮縫製而成
的一個小袋子，據他說是從當頭寺求來的。由於當頭寺是一個薩迦派
寺院，袋子上塗上了紅、黃、白三種顏色。紮西桑結告訴筆者，這個
松稞裏面裝的是他父親的肩胛骨，那是父親去世實行天葬的時候，天
葬師從父親的身上取下來的，活佛又往裏施了法術，所以在避邪方面
有無可估量的效果。紮西桑結說他自從戴上了這個松稞，就沒有生病
過，因為父親的靈魂一直在保護他。在他看來，這個松稞有兩種功能，
一是可以防禦鬼的侵害，二是可以防止患病。他為此感到很驕傲。

靈魂附在骨骼裏面，那麼靈魂的形狀又是怎麼樣的呢？家住當頭
村的 75 歲老人阿旺是大家公認的「地方性知識」專家。他說：

> 人的靈魂沒有固定的形狀，每個人身上的靈魂都不一樣，它有
> 很多種類型。一些靈魂身上長有翅膀，像一隻鷹一樣會飛，擁

---

53 採訪時間：2012年10月。

有這種靈魂的人命比較好，他死的時候靈魂能夠比別的靈魂更快到佛祖那裏去報到，然後轉世。有些靈魂長有四條腿，跑起來像羊一樣，這種靈魂比兩條腿的靈魂跑得快。有些靈魂像羊角，這種靈魂不好，它容易被鬼認出來，死後很可能會轉世成為鬼；有些靈魂像犛牛角，擁有這些靈魂的人不會被鬼吃掉。有些靈魂是沒有腿的，只能像蛇和魚一樣用身子前行，擁有這些靈魂的人命不好，他死以後轉世會很慢，通常需要很長的時間。[54]

　　可見，在巴塘鄉的「地方性知識」裏面，人們將各種動物的特徵與靈魂的好壞一一地對應起來。總的來說，長翅膀的靈魂比較好，因為它能飛。在現實生活中，老百姓也認為小鳥、老鷹這樣的動物是較好的，原因是它們不會對人造成危害；而蛇、蛙一類的東西是很差的，這裏隱喻了當地毒蛇的危害。筆者在田野調查當中就看見過牧場的一些毒蛇。據當地的老百姓說，他們在草原放牧的時候最害怕的就是遇到毒蛇，特別是夏季的高原牧場，很多蛇都蜷在半公尺高的禾草裏，當牧民們走過去不小心踩到它們的時候就會被咬傷，毒性強的可能幾個小時就會使人斃命。無疑，在惡劣的自然環境中，當地老百姓區分動物的等級是以有利於生存為依據的。

　　事實上，如果我們仔細分析以上巴塘人對動物等級的劃分，也可以得出一個總的印象，那就是天上飛的動物一般都是好的，次一級的動物是在陸地行走的，最差的動物是爬行的或者靠近水裏的。這些也是苯教宇宙等級觀的反映。苯教認為，住在天上的是贊神，對人類最好；住在人間的是年神，喜怒無常，只要人類不冒犯它，就相安無

54　採訪時間：2012年8月。

事；而住在地下（水裏）的則是龍神，禍害人世，人類必須以祈禱祭拜的方式獲得其原諒。許多報導人表示，長得像羊角一樣的有四隻腿的靈魂不好，非常容易被鬼辨認出來；由於它經常容易被鬼附體，所以沒有辦法自由活動，被鬼附體以後它連自己的母親也認不出，每天都過得非常痛苦。事實上，羊與鬼魂容易發生聯繫這種觀念也是苯教觀念的殘餘，法國學者石泰安在這方面有獨到的研究。他認為，伯希和敦煌藏文寫本第 29 號證明綿羊用來祭祀，先屠宰後切碎，以作為贖身金和燒毀的供品。[55]

二　轉世：彌漫著等級結構的輪迴

（一）輪迴：社會等級結構的投影

佛教認為：「世上沒有一個人，沒有一個生物，不曾死而復活過。我們每一個人，在轉生來到此世之前，不知死了多少次。」[56]佛教所宣揚的輪迴觀也正是巴塘人的死亡觀。巴塘藏族人相信，人死以後靈魂會實現轉世，促使生命重生。因此，巴塘藏族人並不忌諱死亡，他們把死亡當作另一種新生，而葬式無非是人們送魂、實現生命重生的手段。

生命的重生是相對於死亡而言的，如果說人活在現實當中，那麼重生就在未來，而未來在某種程度上是現實社會的投影。由於巴塘鄉現實的社會結構彌漫著等級的色彩，因此各個階層的人群在未來的轉世中仍然遵循等級的原則。活佛、部落頭人、百戶長等處於橄欖球狀

---

55 參見〔法〕石泰安〈敦煌吐蕃文書中有關苯教儀軌的故事〉，《國外藏學研究譯文集》（第四輯），（拉薩市：西藏人民出版社，1988年），頁202。

56 蓮花生，徐進夫譯：《西藏度亡經・導言》（拉薩市：西藏人民出版社，1998年）。

社會結構的頂層，這些人死後將轉世到天上去，過著衣食無憂的日子。以活佛為例，一般認為，活佛是不會死亡的，人們平常看到的活佛死亡只是一種假象而已。在藏傳佛教的教義中，凡是涅槃成佛者，就不再輪迴。傳說一位道行極高的喇嘛，已超脫生死輪迴達到涅槃，但為了普度眾生，而願重返人間，繼續完成弘法超度。[57]為了達成這一目的，活佛就必須結婚。巴塘鄉的老百姓認為，出家人原本是不能近女色的，活佛本來也不願意結婚，但是倘若他們不近女色，其靈魂很快會回到天上去，無法為老百姓造福；活佛近女色以後就犯了一點點過錯，這樣他們就不能再回到天上去，而是永遠留在人間為老百姓服務，對活佛實行塔葬正是為了緬懷他們的功績。

死亡以後能夠轉世到天上的還有頭人、百戶長以及富貴人家，因為這些人的靈魂與常人不同。巴塘的老百姓認為這些人的靈魂大多長著一雙巨大的翅膀，能一步飛到天上去。而普通老百姓沒有這樣的靈魂，因此他們需要天葬，借著禿鷲的翅膀飛到天上去。但是，真正能夠飛到天上去的極少，大多數普通老百姓只會轉世到人間，投胎成為人世間的人或者各種動物。當然，這也是有等級的。報導人阿旺告訴筆者：

> 如果靈魂轉世到人間，能夠投胎為人要比投胎為動物好，因為動物不會念經，死後再投胎會更差。而在人當中，投胎為男人要比投胎為女人好，因為女人比較「髒」，她們的上輩子多是牲畜，不會念經，善業不夠。在巴塘鄉，如果某個家庭的孩子犯罪了，那孩子的母親肯定脫不了干係，那是因為母親平常念經太少所致。如果一個婦女生了很多孩子，而且每個孩子都犯

57 參見蔡志純：《活佛轉世》（北京市：中國社會科學出版社，1992年），頁93。

罪，那麼她真的就是罪無可恕了。[58]

這種轉世觀是巴塘現實社會中女性地位低於男性的反映。女性與男性地位不平等的關係可能與牧區的生計模式有很大的關係。巴塘鄉是一個以牧業為主的社會，人們在日常生產勞作中分工明顯，男人外出放牧，女人主要在家裏從事撿牛糞、縫擀牛皮和撚羊毛線等工作。這種分工在很大程度上決定了男性地位高於女性，因為在牧區，一個家庭的富裕程度在某種程度上就是靠牲畜來衡量的，放牧的男人被視為能夠創造經濟價值的人。巴塘人經常用「毛巴」這個詞來稱呼男人，係「犛牛」之意；與此相反，巴塘人對女性的稱呼是「泡巴」，即「犛牛的糞便」之意。這些用詞與基督教關於女人是男人的一根肋骨的說法有異曲同工之處。

巴塘藏族人認為，如果靈魂轉世到人間不能投胎成人，就會投胎成各種動物，而投胎成不同的動物代表著他們前世的佛法修為不同。報導人棨西桑結說：

> 轉世為小鳥、喜鵲和老鷹等動物是最好的，因為這些動物不用幹活，它們還可以飛翔，無拘無束，自由自在。
> 其次是蜜蜂，它很勤勞，在花叢中釀蜜，做的都是善事，所以蜜蜂死後會得到一個比較好的轉世。
> 轉世成為狗也很好，因為它很善良，不僅給人們帶來了青稞，還可以幫助人們守護家園。
> 如果轉世成為羊和犛牛，雖然不算好，但也不算差，它們可以在草原上散步；但是，它們住的地方很潮濕，而且比較髒，冬

---

58 採訪時間：2012年9月。

天總是被人用圍欄攔起來，不能隨意到外面活動，不自由，就像一個人坐牢房一樣。它們能夠產奶，但是到了年底的時候它們會被賣掉，或者被殺，死亡的時候非常痛苦，因為人們殺牛之前還要用開水燙它們，這是非常慘的。

轉世成為狼是比較差的。因為它害怕火，永遠只能生活在黑暗中，享受不到火的溫暖；並且它作惡太多，半夜裏專門殘害羊和馬，被人們追著打，非常可憐。這說明它將前世的福氣全都耗盡了，注定得不到好的轉世。

轉世成為青蛙是很差的，因為它只能生活在水裏，它的皮有毒，經常被水鬼欺負，它身上的毒也是水鬼塗在上面讓它來害人的，每當下雨過後，水鬼就會命令青蛙跳到河的岸邊。去年11月，我們這裏有一個 5 歲大的小孩出去抓青蛙，就被它的毒傷到了，後來皮膚髮黑，請喇嘛念了很多經才好。

轉世成為蛇也是很差的，因為它沒有腳，就像一個人被砍斷了四肢一樣，只能用身體爬行，還專門咬人。

轉世成為魚則是最差的，它不但沒有腳，還不能到地上來看風景。它很餓，又找不到東西吃，而且每個人看到它都覺得不吉祥。[59]

　　大多數人都希望自己死後能轉世到人間，然而在這個過程中總是有不如意的情況出現。譬如，那些生活在社會下層的貧民被視為低賤的人，巴塘人稱之為「才玉乎」或者「玉乎倉」，翻譯成漢語即「出門遇到鬼」。既然他們是「鬼」，死後當然要下地獄去生活，因為地獄是鬼生活的地方。對這類人實行土葬正是要禁錮他們的靈魂，讓其靈魂無法再返回陽間害人。

---

59 採訪時間：2012年9月。

（二）葬式與輪迴的關係

除了頭人、活佛以及那些富貴家庭以外，一個人在社會結構的位置並不總是一成不變的，對於許多普通牧民來說，要往上層走並不容易，但是他們一不小心就有可能轉世為鬼。

巴塘鄉的藏族人認為，除了僧侶、頭人、百戶長等富貴人家是天上派來管理人間以外，普通牧民的靈魂轉世會在哪個空間出現完全取決於「業」。所謂「業」，簡單來說就是一個人生前的所作所為，判斷「業」的善與惡就是看一個人的所作所為是否符合佛教的教義教規。善業可以讓一個人的靈魂死後轉世到人間，甚至還有轉世到天上成神或者成佛的可能性，這些善業包括生前的念經、轉經、朝佛以及向寺院和窮人大量布施等。但是，如果一個人生前不朝佛、不轉經甚至作惡（如殺人、放火、搶劫等），則此人不得好死，他可能會因為患重大傳染病而死，或者死於刀口、槍口之下，均是罪有應得。這些人死亡以後，靈魂會直接下地獄，和「才玉乎」一起生活，久而久之就變成了鬼。對他們實施土葬也是因為害怕他們的靈魂回到陽間向家人索命。

還有一種情況是，一個生前作惡過多的人死後，家屬不忍心讓其靈魂入地獄，這時家屬就會想法進行補救。

個案羅××，35 歲，係巴塘鄉××村人，羅××在村裏名聲一直不好，他在 10 年前就幹過偷雞摸狗的事，據說村裏一半以上的人家都被他偷過東西。後來，他由偷盜發展到搶劫，最後還在稱多縣參與一系列犯罪活動。他持槍殺人，後被公安圍捕，但他持槍拒捕，在雙方交戰過程中中彈身亡。按照巴塘鄉的傳統，死者生前殺過人，罪大惡極，又死於槍口下，應該實施土

葬，將其靈魂打入地獄，永世不能超生。但是，死者的家屬從
公安局處領屍回來以後並沒有公佈其死因，只是說他是患病死
亡而已，他們找活佛打卦的時候請求對死者實行天葬。為此，
家屬向寺院做了大量的布施，據說幾乎把全家所有的家產都捐
了出去，最後死者得以順利天葬。

　　在巴塘，天葬是挽救靈魂且使靈魂避免入地獄的一種手段。因為
巴塘的藏族人相信，在天葬臺那裏，三惡道的大門是緊緊鎖住的。只
要能在天葬臺上進行天葬，死者生前的所作所為是可以忽略不計的，
但是家屬必須要進行大規模的布施，並且日夜念經，以贖死者生前之
罪。由於天葬具有挽救靈魂的功能，因此，不僅是普通牧民階層中那
些患傳染病或者死於刀口、槍口的人的家屬想方設法為死去的親屬實
行天葬，處於橄欖球狀社會底層的許多貧困戶在親屬去世以後也會借
錢，甚至背負一生的經濟債換得親人的天葬。至於未成年人，巴塘人
認為他們的靈魂還沒有成熟，沒有真正地來到世間，因此他們死後不
會進入到巴塘人建構起來的彼岸世界。

　　總而言之，巴塘鄉地處高原，那裏的人們採取一種純牧業的生計
模式，習慣了流動的牧業生活，沒有培育出深厚的泥土情結，加上接
受藏傳佛教關於生命的虛無觀以後，導致他們在屍體處理上採取銷毀
屍體而非保留屍體的策略，這一特點與巴塘鄉等級的社會結構異構了
巴塘鄉的喪葬文化模式。這套喪葬文化模式有四個特點：

　　第一，巴塘的喪葬文化模式中，各葬式存在一種清晰的等級結
構，它們各自對應的轉世空間也體現了一套等級觀，各等級之間有清
晰的界線，這實際上是巴塘等級社會結構的反映。第二，在這一套喪
葬文化模式中，天葬是最流行、最普遍的葬式，處於這一套喪葬文化
體系最核心的位置。第三，對於那些處於橄欖球狀社會結構中間階層

的普通牧民來說，土葬是促使其靈魂墮入地獄的手段，而對於那些處於橄欖球狀社會結構下層的貧困戶來說，天葬是避免他們的靈魂墮入地獄而順利轉世到人間的手段，這表明巴塘橄欖球狀的社會結構中，下層與中間階層存在流動的可能。因此，天葬與土葬的比例在某種程度上可以反映巴塘社會中下層的社會結構變化。第四，對於那些處於橄欖球狀社會中間階層與下層的貧困人群來說，雖然實行天葬也有可能讓他們的靈魂轉世到天上，但是這種可能性極小，這說明巴塘社會的社會階層流動只限制於中下層，而上層社會基本處於一種不流動的凝固狀態。

芃野東南民族叢書 A0202001

青藏高原東部的喪葬制度研究　上冊

作　　者　葉遠飄

主　　編　何國強

責任編輯　蔡雅如

發 行 人　陳滿銘

總 經 理　梁錦興

總 編 輯　陳滿銘

副總編輯　張晏瑞

編 輯 所　萬卷樓圖書股份有限公司

排　　版　林曉敏

印　　刷　百通科技股份有限公司

封面設計　曾詠霓

出　　版　昌明文化有限公司

桃園市龜山區中原街 32 號

電話 (02)23216565

發　　行　萬卷樓圖書股份有限公司

臺北市羅斯福路二段 41 號 6 樓之 3

電話 (02)23216565

傳真 (02)23218698

電郵 SERVICE@WANJUAN.COM.TW

大陸經銷

廈門外圖臺灣書店有限公司

電郵 JKB188@188.COM

ISBN 978-986-94605-8-3

2018 年 1 月初版二刷

2017 年 4 月初版

定價：新臺幣 300 元

如何購買本書：

1. 劃撥購書，請透過以下郵政劃撥帳號：

   帳號：15624015

   戶名：萬卷樓圖書股份有限公司

2. 轉帳購書，請透過以下帳戶

   合作金庫銀行 古亭分行

   戶名：萬卷樓圖書股份有限公司

   帳號：0877717092596

3. 網路購書，請透過萬卷樓網站

   網址 WWW.WANJUAN.COM.TW

大量購書，請直接聯繫我們，將有專人為您

服務。客服：(02)23216565 分機 10

如有缺頁、破損或裝訂錯誤，請寄回更換

國家圖書館出版品預行編目資料

青藏高原東部的喪葬制度研究 / 葉遠飄著. --

初版. -- 桃園市：昌明文化出版；臺北市：

萬卷樓發行, 2017.04

　冊；　公分. -- (芃野東南民族叢書

A0202001)

ISBN 978-986-94605-8-3(上冊 : 平裝). --

1.少數民族 2.民族研究

535.408　　　　　　　　　　　106004093